北方工业大学北京城市治理研究基地资助项目（项目编号：2023CSZL01）
北方工业大学23配套资助项目（项目代码：110051360023XN217）

国内外科技-经济-生态系统治理研究可视化分析

吴丹　潘朱玲◎著

河海大学出版社
·南京·

图书在版编目（ＣＩＰ）数据

国内外科技-经济-生态系统治理研究可视化分析 / 吴丹，潘朱玲著．－－南京：河海大学出版社，2023.10
ISBN 978-7-5630-8389-3

Ⅰ．①国… Ⅱ．①吴… ②潘… Ⅲ．①经济发展－研究－世界 Ⅳ．①F113.4

中国国家版本馆 CIP 数据核字（2023）第 189377 号

书　　名	国内外科技-经济-生态系统治理研究可视化分析
书　　号	ISBN 978-7-5630-8389-3
责任编辑	成　微
特约校对	成　黎
封面设计	徐娟娟
出版发行	河海大学出版社
地　　址	南京市西康路 1 号（邮编：210098）
电　　话	（025）83737852（总编室）　（025）83787769（编辑室） （025）83722833（营销部）
经　　销	江苏省新华发行集团有限公司
排　　版	南京布克文化发展有限公司
印　　刷	广东虎彩云印刷有限公司
开　　本	718 毫米×1000 毫米　1/16
印　　张	13
字　　数	190 千字
版　　次	2023 年 10 月第 1 版
印　　次	2023 年 10 月第 1 次印刷
定　　价	68.00 元

前言 Preface

党的十九大报告提出了"贯彻新发展理念,建设现代化经济体系",并强调必须着力加快建设实体经济、科技创新、现代金融、人力资源协同发展的产业体系。国家"十四五"规划从经济发展、创新驱动、民生福祉、绿色生态、安全保障五个方面,制定落实了"十四五"时期经济社会发展的主要指标,其中,创新驱动是推动中国国民经济和社会发展的重要驱动力,处于国家发展全局的核心位置。提升科技创新能力是促进经济持续健康发展的不竭动力,以科技创新引领实体经济转型升级,推动美丽中国建设,实现科技-经济-生态系统治理是经济高质量发展的工作重心。科技-经济-生态系统治理已成为国家政府管理部门和学者们高度关注的研究热点。依据国家经济社会发展战略规划和重大政策举措,以科技创新作为支撑,识别科技-经济-生态互馈关系的演变规律与驱动机制,优化经济产业结构,提高生态资源利用效率与效益,促进科技创新与经济发展、生态环境建设之间协调发展,推动科技-经济-生态系统治理,是国家发展战略与政策制定的出发点与目标所在。

本书共分为八个章节,主要内容包括:

第一章,国内外科技创新研究的可视化分析。针对 WOS 核心数据库及 CNKI 核心数据库中 1998—2020 年科技创新研究的 4 560 篇文献,运用科学计量学方法,对国内外科技创新的研究热点及演化开展研究。借助 CiteSpace 6.1.R6 可视化工具,绘制国内外科技创新研究的知识图谱,主要包括关键词共现分析和突变分布、关键词聚类分析和关键词时间线分析。研究表明,创新是引领发展的第一动力,坚持创新驱动发展战略是提升国家竞争力的重要举措,科技创新始终是各国争夺国际话语权的关键支撑。但科技创新研究在国内外研究的侧重点有所不同：WOS核心数据库科技创新领域始终关注科技创新与生态环境的关系研究；CNKI核心数据库科技创新领域则始终关注不同形式的科技创新驱动经济发展的研究。

第二章，国内外经济发展研究可视化分析。针对WOS核心数据库中1998—2020年国际经济发展的2 768篇SSCI、SCI期刊文献及CNKI数据库中1998—2020年中国经济发展的2 775篇CSSCI期刊文献，运用科学计量学方法，系统梳理国内外经济发展研究的文献特征和前沿热点，包括发文量统计、机构合作分布、作者合作特征、研究热点及演化分析。研究表明，①国内外经济发展研究的主要内容集中在四个方面：国家层面的经济发展研究、区域层面的经济发展研究、可持续发展研究和不同领域及行业的经济发展研究。②形成了多个合作较紧密的高校和研究机构团体，中国社会科学院现已成为在中国经济发展领域做出最大贡献的代表性研究机构。但作者合作呈现"小聚集、大分散"特征，亟需加快形成稳定的核心作者群体。③不同视角下生态与经济协调发展研究与经济高质量发展研究的研究主题成为新兴研究热点。

第三章，国内外科技创新与经济协调发展研究可视化分析。以1992—2022年WOS核心数据库及CNKI核心数据库收录的511篇有关科技创新与经济协调发展研究的文献作为数据基础，利用CiteSpace可视化软件，从文献发表的研究机构与团队、关键词进行可视化分析，系统梳理科技创新与经济协调发展研究热点和演化脉络，揭示领域研究进展。研究表明：该领域发文量整体呈现波动上升趋势，其中2016年前呈缓慢波动增长趋势，2017年开始呈剧烈波动增长趋势；领域学者间已形成核心合作团队，研究机构之间尚未形成稳定合作团体；该领域研究热点主要集中在科技创新与经济发展的耦合协调关系、协调模型建立、生态效益、科技效益与经济效益等方面；"碳排放量""能源效率""可持续发展""生态环境""经济效益"等关键词在研究演化路径图谱中高频出现，未来该领域学者们将以生态文明理念为指导，不断深化拓展以上热点研究。

第四章，国内外生态环境与经济协调发展研究可视化分析。以WOS核心数据库及CNKI核心数据库1992—2021年间关于生态环境和经济协调发展的555篇核心文献为研究对象，借助CiteSpace对该领域的研究现状、合作关系、研究热点及前沿、研究趋势进行可视化分析，系统梳理和探究国内外生态环境与经济协调发展研究的热点前沿和发展趋势。研究发现：自1992年生态环境与经济协调发展研究受到学术界关注以来，2004年该研究领域的文献剧增，研究趋势受到协调发展政策的显著影响。虽然众多学者和研究机构开展了生态环境与经济协调发展研究，但研究机构多以独立开展为主，机构间的合作不够密集；该领域的研究方法、研究主题发展多元化，主要采用定量分析方法开展实证研究。未来该领域研究亟需在绿色发展、清洁能源和产业协同发展等方面不断深化和拓展。

第五章，国内外水资源利用与经济发展协调评价研究可视化分析。针对1994—2020年WOS核心数据库及CNKI核心数据库的国内外水资源利用与经济发展协调评价文献，运用CiteSpace 6.1.R6可视化工具和科学计量学方法，开展文献特征分析、研究热点及演化分析，深入挖掘该领域研究的演化脉络。研究表明，从发文时间和刊物分布看，WOS核心数据库发文量总体呈现波动上升的变化态势，CNKI核心数据库发文量总体呈现"S"形曲线变化态势，研究热点与国家水利政策紧密结合；从高校和研究机构合作分布、学者合作特征看，均呈现"大分散、小聚集"现象；从关键词网络知识图谱看，"water management""sustainability""model""system""coordination""water policy""水资源""协调发展""水资源承载力""社会经济""指标体系""产业结构""时空耦合"等成为近十年该领域研究的热点词；从关键词时间线图谱看，用水驱动效应及其脱钩评价成为学界研究的新兴领域。

第六章，国内外水资源利用与产业结构协调发展研究可视化分析。以1995—2022年WOS核心数据库及CNKI核心数据库收录的707篇水资源利用与产业结构协调发展主题研究文献为数据基础，利用CiteSpace可视化软件，分别绘制学者合作网络图谱、机构合作网络图谱、关键词共现及聚类网络图谱、关键词时间线图谱，系统梳理水资源利用与产业结构研究领域知识基础和前沿热点，揭示国内外水资源利用与产业结构协调发展领域的研究进展。研究表明：该领域发文量前期增长缓慢，自2014年开始剧烈增长；领域学者间皆合作紧密，领域研究机构在未来需要加强学术资源共享，以提升领域研究综合实力；该领域研究主要集中在水资源利用效率与产业结构的相关性研究、协调关系综合评价、经济效益、科技效益与生态效益等方面；梳理研究热点演化路径可知，"脱钩理论""耦合机制""环境规制""协调关系"等关键词处于该领域研究前沿。

第七章，国内外流域水资源配置方法研究可视化分析。以1990—2022年WOS核心数据库和CNKI核心数据库收录的679篇流域水资源配置研究文献为数据基础，利用CiteSpace软件，从文献发表的研究机构与团队、关键词进行可视化分析，综述流域水资源配置方法。流域水资源配置研究结果表明：1990—2005年，相关研究重点聚焦于统筹体现社会公平、经济效益、生态保护等多维目标，应用水资源系统模拟仿真技术，进行多目标耦合配置。2005—2010年，深化多目标耦合配置研究，重点聚焦于促进水资源与经济社会生态协调发展，从"以水量分配为主"转为"水量水质耦合配置"，进行水资源利益相关者交互配置。2010—2015年，深化水资源利益相关者交互配置研究，重点聚焦于加强用水总量调控，通过水权交易加快推进产业结构优化升级，进行产业结构优化配置，优化产业用水结构和提高用水效率。2015—2022年，深化产业结构优化配置研究，重点聚焦于应对气候变化挑战，积极探索水资源适应性配置方法，提升流域水资源适应性配置能力。今后亟需贯彻落实"空间均衡"理念，强化水资源刚性约束，促进流域水资源与经济社会空间均衡协调发展。

第八章，国内外用水效率评价研究可视化分析。以2007—2022年WOS核心数据库及CNKI核心数据库收录的1 468篇用水效率研究文献为数据基础，利用CiteSpace软件，从文献发表的研究机构与团队、关键词进行可视化分析，系统梳理用水效率研究热点和演化脉络，揭示用水效率评价研究进展。研究表明：用水效率评价研究实质上是将水资源及相关资本、劳动作为投入指标，将对应的经济、生态、社会效益作为产出指标，按照区域或行业特点构建适宜性指标体系。并依据传统DEA模型及其拓展模型的特点，选取与研究对象、目的及内容相匹配的模型进行用水效率评价,确定区域或该行业用水效率未来改进的方向。在此评价过程中,需基于区域经济社会特征或行业用水结构,明确经济发展、社会效益、生态保护等因素对于用水效率的影响,提高水资源高效集约节约利用能力,实现水资源-经济-社会-环境协调发展。今后亟需深入贯彻绿色发展理念,强化水资源刚性约束,探索适宜不同区域与不同行业的水资源利用模式,据此构建有针对性的评价指标体系与具有可操作性的评价模型,完善用水效率评价方法研究。

本书从不同角度反映国内外科技-经济-生态系统治理研究可视化分析成果,对于关心国内外科技-经济-生态系统治理研究的读者具有较强的可读性和一定的借鉴意义,对于从事国内外科技-经济-生态系统治理研究的相关管理者和研究者具有重要参考价值。

鉴于作者受到知识、时间等多方面因素的限制,本书的研究成果不尽完善,难免存在许多不足之处,殷切期望同行专家和广大读者能够批评指正,从而有助于继续深入系统的研究。并希望本书的出版能够丰富国内外科技-经济-生态系统治理研究方法、推进国内外科技-经济-生态系统治理的实践应用。期待与广大同行一起努力,致力于国内外科技-经济-生态系统治理研究理论方法及其应用的深入研究。

作　者

2023 年 7 月　于北京

目录 Contents

第一章　国内外科技创新研究的可视化分析 …… 001
  1.1　研究方法与数据来源 …… 003
  1.2　国内外科技创新研究的关键词共现分析与突变分布 …… 004
  1.3　我国科技创新研究的关键词聚类分析 …… 008
    1.3.1　关键词聚类图 …… 008
    1.3.2　时间线分析 …… 010
  1.4　结论 …… 016
  参考文献 …… 016

第二章　国内外经济发展研究可视化分析 …… 021
  2.1　研究方法与数据来源 …… 023
  2.2　文献计量分析 …… 024
    2.2.1　发文量统计 …… 024
    2.2.2　机构合作分布 …… 025
    2.2.3　作者合作特征 …… 027
  2.3　国内外经济发展研究热点分析 …… 029
    2.3.1　热点关键词分析 …… 029
    2.3.2　研究热点主题分析 …… 035
  2.4　国内外经济发展与研究的演化脉络 …… 037
  2.5　结论 …… 043
  参考文献 …… 044

第三章　国内外科技创新与经济协调发展研究可视化分析 …………… 047
3.1　研究方法与数据来源 ………………………………………… 049
3.2　文献计量分析 ………………………………………………… 050
3.2.1　发文量时间分布 ………………………………… 050
3.2.2　发文作者合作分析 ……………………………… 050
3.2.3　发文机构合作分析 ……………………………… 053
3.3　研究热点分析 ………………………………………………… 055
3.3.1　关键词共现网络 ………………………………… 055
3.3.2　关键词聚类分析 ………………………………… 058
3.4　研究演化路径分析 …………………………………………… 059
3.5　结论 …………………………………………………………… 064
参考文献 …………………………………………………………… 065

第四章　国内外生态环境与经济协调发展研究可视化分析 …………… 069
4.1　研究方法与数据来源 ………………………………………… 071
4.2　文献计量分析 ………………………………………………… 072
4.2.1　发文量时间分布 ………………………………… 072
4.2.2　发文作者合作分析 ……………………………… 073
4.2.3　发文机构合作分析 ……………………………… 076
4.3　研究热点分析 ………………………………………………… 079
4.3.1　关键词共现网络 ………………………………… 079
4.3.2　关键词聚类分析 ………………………………… 082
4.4　研究演化路径分析 …………………………………………… 087
4.5　结论 …………………………………………………………… 091
参考文献 …………………………………………………………… 091

第五章 国内外水资源利用与经济发展协调评价研究可视化分析 …… 097
5.1 研究方法与数据来源 … 099
5.2 文献计量分析 … 100
5.2.1 发文量统计与刊物分布 … 100
5.2.2 高校和研究机构合作分布 … 104
5.2.3 学者合作特征 … 107
5.3 研究热点分析 … 111
5.3.1 关键词共现分析 … 111
5.3.2 研究前沿演化分析 … 114
5.4 结论 … 119
参考文献 … 120

第六章 国内外水资源利用与产业结构协调发展研究可视化分析 …… 125
6.1 研究方法与数据来源 … 127
6.2 文献计量分析 … 128
6.2.1 发文量时间分布 … 128
6.2.2 发文作者合作分析 … 129
6.2.3 发文机构合作分析 … 131
6.3 研究热点分析 … 133
6.3.1 关键词共现网络 … 133
6.3.2 关键词聚类分析 … 136
6.4 研究演化路径分析 … 138
6.5 结论 … 142
参考文献 … 143

第七章 国内外流域水资源配置方法研究可视化分析 …… 147
7.1 研究方法与数据来源 … 150

7.2 流域水资源配置研究可视化分析 ……………………………… 150
 7.2.1 研究机构与团队 ………………………………………… 151
 7.2.2 关键词 …………………………………………………… 154
7.3 流域水资源配置方法研究综述 ………………………………… 156
 7.3.1 水资源多目标耦合系统配置方法 ……………………… 156
 7.3.2 水资源利益相关者交互配置方法 ……………………… 157
 7.3.3 水资源调控的产业结构优化配置方法 ………………… 158
 7.3.4 水资源适应性配置方法 ………………………………… 159
7.4 结论 ……………………………………………………………… 160
参考文献 ……………………………………………………………… 161

第八章 国内外用水效率评价研究可视化分析 ……………………… 167

8.1 研究方法与数据来源 …………………………………………… 169
8.2 用水效率评价研究可视化分析 ………………………………… 170
 8.2.1 研究机构与团队 ………………………………………… 170
 8.2.2 关键词 …………………………………………………… 174
8.3 用水效率评价综述 ……………………………………………… 178
 8.3.1 评价指标体系 …………………………………………… 179
 8.3.2 评价方法 ………………………………………………… 183
8.4 结论 ……………………………………………………………… 187
参考文献 ……………………………………………………………… 188

第一章

国内外科技创新研究
的可视化分析

当前全球科技革命与产业变革进入新纪元,科技创新作为提升国家核心竞争力的强效催化剂,已然成为各国在全球市场上赢得战略先机的重要竞争手段。随着不同层次、不同领域的创新技术不断涌现,国际科技竞争格局日新月异,影响着国际分工调整、国家力量对比。因此全球各国均将科技创新作为国家发展的战略基石,制定促进科技进步的政策方案,构建助力科技创新的治理体系。党的二十大提出在国际格局发生深刻改变的转折点,我国仍要坚持科技创新在现代化建设全局中的核心地位。国家强盛之基与安全之要是自立自强的科技体系,全面高水平的科技创新能力逐渐成为国际话语权的有力代表。为此,开展国内外科技创新领域研究热点及演化的可视化分析,对于把握我国科技创新的研究热点和未来研究方向,完善国家创新体系具有重要意义。

1.1 研究方法与数据来源

(1) 研究方法

陈超美教授开发的 CiteSpace 软件,作为用于分析和可视化共引网络的重要工具,能够将一个知识领域的演进历程集中展现在一幅引文网络图谱上,帮助把知识图谱上的引文节点文献和共引聚类所表征的研究前沿自动标识出来[1]。CiteSpace 软件主要包含两种常用可视化方式:聚类视图、时间线视图。其中聚类视图侧重于体现聚类间的结构特征,时间线视图侧重于勾画聚类之间的关系和某个聚类中文献的演进过程。为此,应用 CiteSpace 软件,通过国内外科技创新研究文献的科学计量学分析,对科技创新的研究热点及演化开展研究,揭示科技创新研究领域的热点问题及演化历程。

(2) 数据来源

数据样本取自 WOS(Web of Science)核心数据库中的期刊文献和 CNKI(中国知网)数据库中的 CSSCI 期刊文献,分别以"篇名＝technology innovation"or"篇名＝technological innovation","篇名＝科技创新"作为检索条件,文献检索时间为"1998—2020 年"。通过剔除会议访谈、会议综述、会议报告等不利于数据分析的文献,共得到1 707篇英文文献和2 853篇中文文献。同时,选择TOP 50为选择标准,设置时间切片为1,调节阈值得到国内外科技创新研究的关键词共现图谱、关键词聚类图谱、关键词时间线图。

1.2 国内外科技创新研究的关键词共现分析与突变分布

(1) 关键词共现分析

关键词是一篇文章的精髓,出现次数最多的关键词常被用来确定某个研究领域的热点主题[2]。使用CiteSpace 6.1. R6中的关键词共现功能,设置分板界面,时间设置为1998—2020,时间切片默认数值为1,节点类型选择"Keyword"。得到国内外科技创新研究的关键词共现图(见图1.1及图1.2)。关键词共现网络图谱中,节点越大,说明该节点词的词频越高;频次越高,说明该词在网络中的中心性越高[3]。

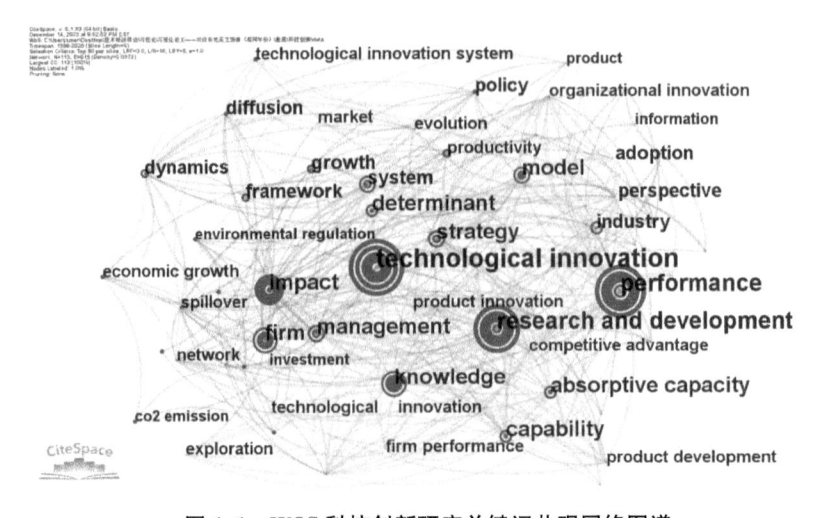

图 1.1 WOS 科技创新研究关键词共现网络图谱

图1.1中,共包含节点113个,连线数量615条,网络密度为0.097 2。根据图1.1可知,WOS科技创新研究的热点重点体现在科技创新能力、科技创新投资、科技创新战略、科技创新影响、科技创新管理、科技创新政策、科创公

司绩效、科创知识管理、科创环境影响、产品科技创新、产业科技创新等方面。

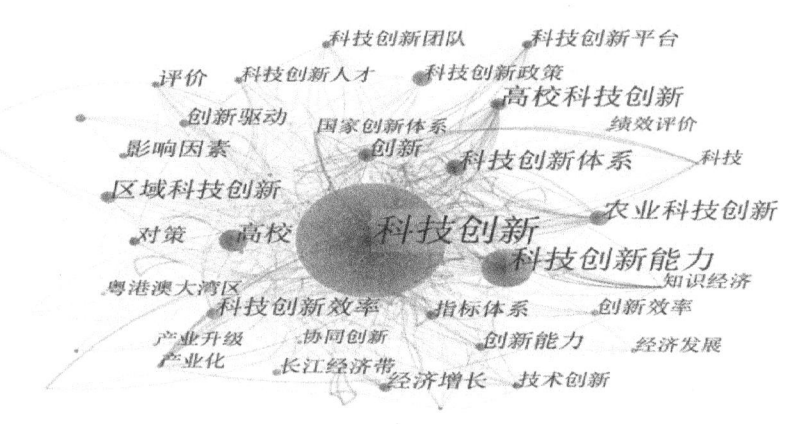

图 1.2　CNKI 科技创新研究关键词共现网络图谱

图 1.2 中,共包含节点 867 个,连线数量 1 820 条,网络密度为 0.004 8。根据图 1.2 可知,CNKI 科技创新研究的热点重点体现在科技创新能力、科技创新效率、科技创新政策、科技创新体系、科技创新团队、科技创新平台、区域科技创新、农业科技创新、高校科技创新等方面。

(2) 关键词突变分布

突现词主要是以关键词为基础,在某个时间跨度内所发表的文献中专业术语的突显,反映出不同时段的研究热点,主要表现在突现词的年代分布和突变强度两个方面[4]。应用 CiteSpace 软件,分别对 WOS 核心期刊库和 CNKI 数据库中的 CSSCI 期刊库中以科技创新为主题的文献进行计算,得出排名前 20 的突现词表格(见表 1.1 及表 1.2)。

WOS 科技创新研究的突现词主要包括 integration(集成化)、patent(专利)、indicator(监测仪)、science(科学)、economics(经济学)、incentive(激励)、technological change(技术变革)、resource-based view(资源禀赋视角)、collaboration(协作)、system(系统)、exploration(探索)、information technology(信息技术)、implementation(实施)、market orientation(市场导向)、governance(治理)、exploitation(开发)、service(服务)、CO_2 emission(二氧化碳排放)、empirical evidence(实证证据)、pattern(模式)。

表 1.1 WOS 科技创新研究排名前 20 的关键词突变分布情况

Keywords	Year	Strength	Begin	End	1998—2020
integration	1998	6.72	1998	2015	
patent	1998	4.81	1998	2009	
indicator	1998	4.64	1998	2015	
science	1998	4.37	1998	2015	
economics	1998	3.95	1998	2015	
incentive	1998	3.78	1998	2003	
technological change	1998	5.91	2004	2015	
resource-based view	1998	5.66	2004	2015	
collaboration	1998	4.36	2004	2015	
system	1998	5.84	2010	2015	
exploration	1998	5.29	2010	2020	
information technology	1998	4.36	2010	2015	
implementation	1998	4.06	2010	2015	
market orientation	1998	3.92	2010	2015	
governance	1998	3.76	2010	2015	
exploitation	1998	3.76	2010	2015	
service	1998	3.48	2010	2015	
CO_2 emission	1998	6.41	2016	2020	
empirical evidence	1998	4.73	2016	2020	
pattern	1998	3.74	2016	2020	

根据表 1.1，从关键词突变分布情况来看，WOS 科技创新研究热点随着时间推移而不断变化，主要可分为四个阶段：①1998—2003 年，科技创新集成应用、科技专利申请、科技创新监测及激励机制、科技与经济的关系等成为主流的研究热点[5]。②2004—2009 年，技术变革、资源禀赋论、协作成为研究热点。③2010—2015 年，技术开发、市场导向、政府支持、技术服务设施等成为主流的研究热点。④2016—2020 年，温室气体排放、技术创新的实证研究、技术创新模式成为研究热点。

CNKI 科技创新研究的突现词主要包括知识经济、农业、高新技术产业化、科技期刊、高校科技创新、研究型大学、科技创新体系、科技创新平台、机制、指标体系、知识产权、对策、技术创新、高校、自主创新、评价、创新能力、科技创新人才、科技创新政策、创新驱动(见表1.2)。

表1.2 CNKI科技创新研究排名前20的关键词突变分布情况

Keywords	Year	Strength	Begin	End	1998—2020
知识经济	1998	6.44	1998	2001	
农业	1998	4.06	1999	2008	
高新技术产业化	1998	3.77	2000	2003	
科技期刊	1998	3.62	2000	2002	
高校科技创新	1998	6.38	2002	2006	
研究型大学	1998	3.49	2002	2008	
科技创新体系	1998	10.47	2003	2009	
科技创新平台	1998	3.9	2004	2005	
机制	1998	3.84	2004	2007	
指标体系	1998	6.54	2006	2010	
知识产权	1998	5.98	2006	2011	
对策	1998	5.48	2006	2012	
技术创新	1998	4.61	2006	2009	
高校	1998	5.86	2007	2009	
自主创新	1998	4.07	2007	2008	
评价	1998	3.7	2008	2013	
创新能力	1998	4.74	2009	2014	
科技创新人才	1998	5.02	2010	2014	
科技创新政策	1998	4.7	2012	2020	
创新驱动	1998	5.37	2014	2020	

根据表1.2,从CNKI科技创新研究排名前20的关键词突变分布情况来看,随着时间推移,我国科技创新的研究热点不断变化,主要可分为三个阶段:①2000—2006年,农业科技创新、高校科技创新、研究型大学、科技创新体系与机制等成为主流的研究热点。②2006—2012年,科技创新体系、指标体系、知识产权、科技创新对策、技术创新、科技创新评价、科技创新能力、科技创新人才成为研究热点。③2012—2020年,我国科技创新的研究热点主要集

中在科技创新政策、创新驱动等方面。

1.3 我国科技创新研究的关键词聚类分析

1.3.1 关键词聚类图

CiteSpace 软件在聚类标签的提取上提供了 4 种标签提取算法：LSI(潜语义索引)、TF·IDF 加权算法(系统默认的自动标签词提取算法)、LLR(对数似然比检验)、MI(互信息算法)[6]。综合来看，使用 LLR 算法进行的聚类所提取的标签更加符合实际情况且重复情况少。同时，Modularity(模块化，Q 值)度量了网络可以划分为多个独立块(模块)的程度。低模块化表明不能将网络简化为具有清晰边界的聚类，而高模块化则意味着网络结构良好。通常，Q 值介于 0.4~0.8 之间，说明适合聚类[7]。Silhouette(轮廓度量，S 值)是在解释聚类性质时，用来估计聚类所涉及的不确定性。聚类的轮廓值在 −1 到 1 之间，表示解释聚类的性质时需要考虑不确定性。通常 $S>0.5$，则聚类合理；$S>0.7$，则聚类令人信服。如果某一聚类的轮廓度量为 1，表示它与其他聚类完美分离[8,9]。为此，使用 LLR 算法，对国内外科技创新研究的关键词进行聚类分析，分别得到 WOS 科技创新研究关键词聚类图和 CNKI 科技创新研究关键词聚类图(见图 1.3 及图 1.4)。

根据图 1.3，WOS 科技创新研究主要包括 8 个关键词聚类：#0 technological progress(技术进步)、#1 technological innovation(科技创新)、#2 innovation system(创新系统)、#3 CO_2 emissions(二氧化碳排放)、#4 technological diversity(科技多样性)、#5 technological innovation system(科技创新系统)、#6 organizational innovation(组织创新)、#7 technological intensity(技术密度)。其中，由数字 0 到 7，数字越小，说明该聚类中包含的关键词越多。

根据图 1.4，CNKI 科技创新研究主要包括 8 个关键词聚类：#0 科技创新、#1 科技创新能力、#2 科技创新效率、#3 高校科技创新、#4 创新能力、#5

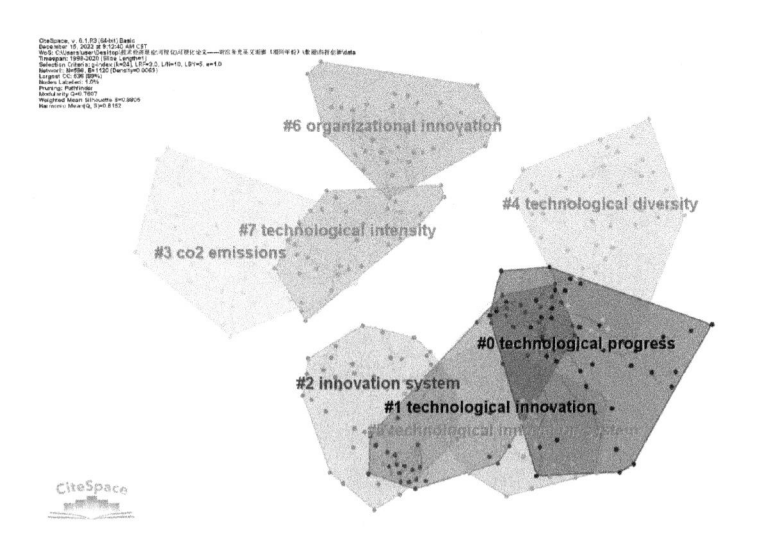

图 1.3　WOS 科技创新研究关键词聚类图

经济增长、#6 农业科技创新、#7 粤港澳大湾区。其中，从数字 0 到 7，数字越小，说明聚类中包含的关键词越多。

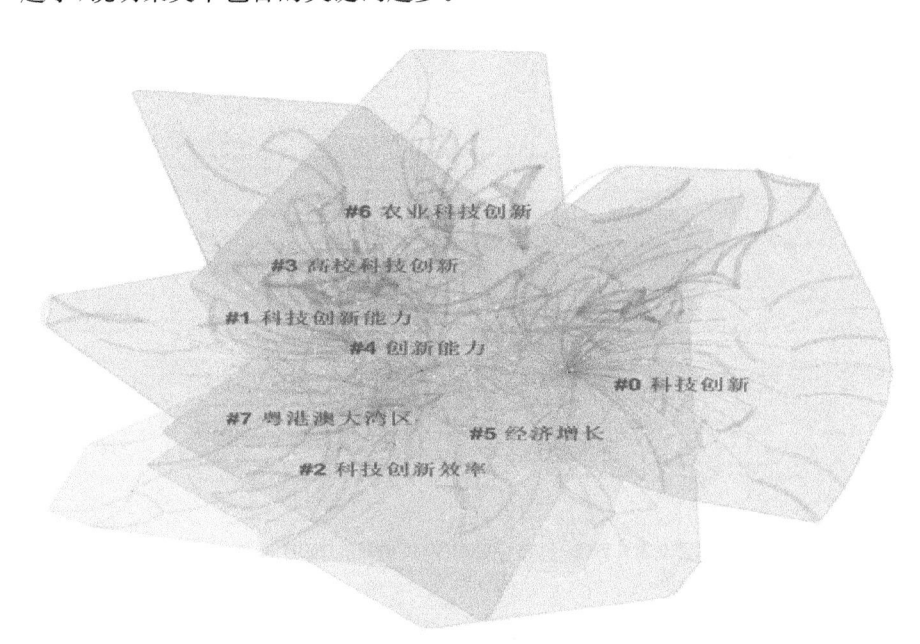

图 1.4　CNKI 科技创新研究关键词聚类图

1.3.2 时间线分析

以关键词聚类分析为基础，可进一步剖析国内外科技创新研究的关键词聚类的时间演变趋势。选择 CiteSpace 软件中的"Timeline View"后，调整相关数值，得到 WOS 科技创新研究的关键词时间线图（见图 1.5）和 CNKI 科技创新研究的关键词时间线图（见图 1.6）。

1.3.2.1 WOS 时间线分析

根据图 1.5，该领域重大关键词节点集中在时间线的前端，究其原因可知 1995 年中共中央、国务院发布《关于加速科学技术进步的决定》提出科教兴国战略，1999 年中共中央、国务院发布《关于加强技术创新，发展高科技，实现产业化的决定》，大力提倡高新技术发展，支持高新技术企业落地[10]。西方发达国家于 19 世纪 70 年代已将可持续发展战略应用于产业发展，积累了丰富的先进技术并且始终将科技创新摆在国家发展全局的核心位置，将国家创新能力视作提升国际竞争力的关键。

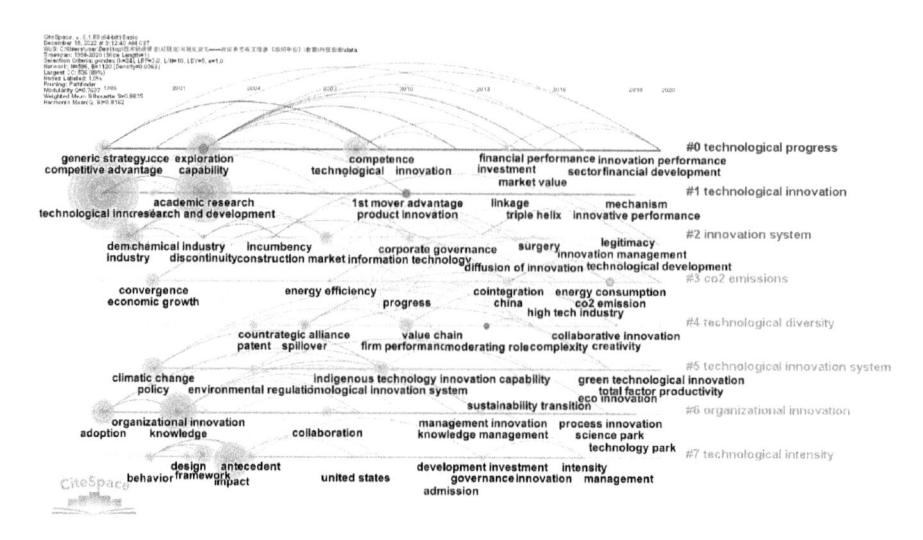

图 1.5　WOS 科技创新研究关键词时间线图谱

根据图 1.5，对 WOS 科技创新研究的 8 个关键词聚类的时间线进行具体分析。

①聚类"♯0 technological progress（技术进步）"时间线上最大的关键词节点是"exploration capability（开发能力）"，其次是"technological innovation（科技创新）""competitive advantage（竞争优势）""financial performance（财务绩效）"。研究开发能力决定科技创新能力，良好的科技创新能力可为企业带来竞争优势，提升企业财务绩效。据图1.3可知，"innovation（创新）"是贯穿始终的研究热点并且高频次出现在其余的聚类中。

②聚类"♯1 technological innovation（科技创新）"与聚类"♯0 technological progress（技术进步）"的关键词演进趋势类似，该聚类时间线上最大的关键词节点是"technological innovation（科技创新）"，其次是"research and development（R&D,科学研究与试验发展）""academic research（学术研究）""first mover advantage（先行者优势）"。梳理文献可知 R&D 投资、学术研究及先行者战略均影响着科技创新绩效，Lillis 等[11]以新西兰企业为研究对象研究发现 R&D 投资增强了高新技术企业研发绩效；胡志坚等[12]总结归纳全球 R&D 投入特征发现 R&D 投入与各国所处经济阶段相关，全球各国 R&D 投入增速高于 GDP 增速，并且在新兴技术革命的浪潮下各国 R&D 投入进一步攀升；Calderini 等[13]以15个欧洲国家为例分析学术研究、专业技术与创新绩效三者之间的关系，实证分析后得出大型创新企业对本地学术界知识溢出产生积极影响的结论；Martin-kios 等[14]通过分析不同策略对组织成功创新的影响发现传统的先行者优势在经济动荡的背景下存在被超越的可能性。

③聚类"♯2 innovation system（创新体系）"从1999年开始引起关注。该聚类时间线上最早出现且频次最多的关键词节点是"industry（工业）"，其次是"demand（需求）""construction market（建筑市场）""corporate governance（公司治理）"。创新技术广泛应用于关乎国家经济命脉的制造业，当前工业发展已从3.0向4.0转变，由信息化时代转变为智能化时代，与之相匹配的科技创新体系也应得到完善，Reischauer[15]提出在工业智能化发展的背景下，应将涵盖商业、学术和政治的创新系统制度化；竞争激烈的全球市场决定了市场需求是科技创新的强劲推力，同时由于可持续发展观念的大力提倡与社会

人文理念的兴起,科技创新成为社会需求与市场需求相互作用的结果,司金銮[16]提出西方发达国家现已形成面向市场需求、以企业为主体自主研发的科技创新体制;公司治理的不同策略对企业科技创新绩效具有重要影响,De Massis等[17]以家族企业为研究对象,运用代理理论研究家族参与对企业创新投入、活动、产出等的影响,结果表明家族参与对企业创新存在直接影响。

④聚类"♯3 CO_2 emissions(二氧化碳排放)"从2000年开始引起关注。该聚类时间线主要包括"economic growth(经济增长)""energy efficiency(能源效率)""cointegration(协整理论)""energy consumption(能源消耗)""high tech industry(高科技产业)"等关键词节点。科技创新与经济发展及生态环境息息相关,学者们通过协整理论与方法探究这三者之间的内在联系。Muhammad等[18]以中国地区为例研究发现科技创新与碳排放量呈负相关关系,而经济增长与碳排放量呈倒"U"形关系;Sohag等[19]以马来西亚地区为例研究发现科技创新在长期视角下对能源效率的提升有积极作用,而人均GDP在短期及长期视角下均提升了能源使用量;Ahmad等[20]研究发现关于科技创新和经济增长的政策会显著改变生态足迹,适当的政策有利于恢复自然生态,科技进步有助于实现可持续发展目标。

⑤聚类"♯4 technological diversity(技术多样性)"中最大的关键词节点是"value chain(价值链)"。Bi等[21]以中国制造业为例,在全球价值链的视角下分析低碳技术创新活动的创新绩效及其影响因素,结果表明政府监管可对低碳技术创新绩效产生积极影响;Lin等[22]以中国31个省(自治区、直辖市)为例,在创新价值链的视角下分析空气污染对技术创新的影响,结果表明空气污染对科技创新绩效有显著负向影响。该关键词聚类时间线上出现最早的节点是"country(国家)"和"patent(专利)",相关文献最早出现于2004年。此外,聚类"♯4 technological diversity(技术多样性)"还包括"strategic alliance(战略联盟)""collaborative innovation(协同创新)"等重要的关键词节点。高新技术企业可通过战略联盟开展协同创新,实现互利共赢,Jiao等[23]以中国370家高科技公司为例研究商业战略伙伴关系对于协同创新的影响,研究结果表明战略伙伴关系对企业间协同创新产生显著正向影响。

⑥聚类"♯5 technological innovation system(科技创新体系)"中最大的关键词节点是"climatic change(气候变化)",相关文献最早出现于 2000 年。此外,该聚类时间线上还包括"indigenous technology(自主技术)""innovation capability(创新能力)""eco innovation(生态创新)""total factor productivity(全要素生产率)"等重要的关键词节点。自主技术研发能力与创新能力是建立科技创新体系的基石,生态创新与减少碳排放是完善科技创新体系的关键,全要素生产率是评价科技创新体系的重要指标。

⑦聚类"♯6 organizational innovation(组织创新)"中最大的关键词节点是"organizational innovation(组织创新)",组织创新在促进技术创新活动开展的同时可调节科技进步与社会可持续发展之间的矛盾。Camisón 等[24]通过对西班牙工业企业的调查,研究组织创新及技术创新之间的关系,结果表明组织创新有利于技术创新的展开,能够更好地提升企业绩效;Xiao 等[25]研究发现技术进步可通过组织创新的中介作用实现社会及生态可持续发展。此外,该聚类时间线上还包括"management innovation(管理创新)""knowledge management(知识管理)""process innovation(过程创新)"等重要的关键词节点。管理创新、知识管理及过程创新与组织创新连结关系较强,组织创新包含管理层面的创新与生产层面的创新。

⑧聚类"♯7 technological intensity(技术密度)"中重要关键词节点集中分布在 2001—2004 年间。科技创新绩效与区域技术密集度紧密相关,Lepak[26]以科创公司为例研究发现科技密集度影响就业模式与公司绩效。此外在 2013 年也出现了"development investment(发展投资)"与"governance innovation(政府创新)"等次重要关键词节点。政府创新政策的调整影响着国家对于科技发展的投资力度,De Meyer 等[27]提出政府不仅仅是科技创新活动的监管者,也是推动者与协调者,政府创新政策的合理制定可使创新技术更有效地满足社会需求,高区域技术密集度同时也影响政府创新政策的制定。

1.3.2.2　CNKI 时间线分析

根据图 1.6,对我国科技创新研究的 8 个关键词聚类的时间线进行分析。

①聚类"♯0 科技创新"与剩下的几个聚类连线较为密集,各聚类彼此之

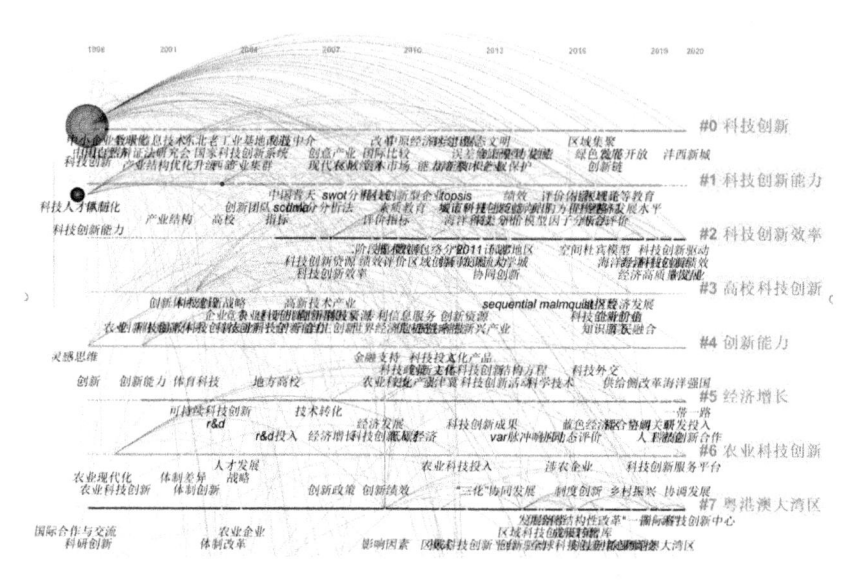

图 1.6　CNKI 科技创新研究关键词时间线图谱

间的连线也较为密集,说明各个聚类之间具有高度相关性。该聚类时间线上最大的关键词节点是"科技创新",与该节点相关的文献最早出现在 1998 年。从图 1.6 中可看出,"科技创新"一直是研究热点并且频繁出现在其余的聚类中。

②聚类"#1 科技创新能力"与聚类"#0 科技创新"类似,该聚类时间线上最大的关键词节点是"科技创新能力",相关文献最早出现在 1998 年。究其原因,1998 年,中国科学院实施"知识创新工程",作为建设国家创新体系的试点。同年 5 月,江泽民同志在庆祝北京大学建校 100 周年大会上宣告:"为了实现现代化,我国要有若干所具有世界先进水平的一流大学"[28]。同时,1998 年出现"科技人才队伍""国家创新体系"等研究主题。

③聚类"#2 科技创新效率"从 2005 年开始引起关注。该聚类上最早出现的关键词节点是"DEA 方法"。DEA 方法是 1978 年由美国著名运筹学家查恩斯(Charnes)、库伯(Cooper)和罗兹(Rhodes)等提出,可评价具有多个输入和多个输出的决策单元的相对有效性[29]。学者尤瑞玲等[30]运用超效率DEA,对 2004—2015 年北京市及我国沿海地区 12 个省(自治区、直辖市)的

科技创新效率进行了评价；李嘉怡等[31]采用DEA方法，评价广东省21个地级市的科技创新能力。研究发现，我国科技创新效率评价多以DEA方法为主，评价方式比较单一。

④聚类"♯3 高校科技创新"主要包括"研究性大学""人才培养""创新体系"等关键词节点，最早的关键词节点出现在1998年，这与聚类"♯1 科技创新能力"的关键词节点"科技人才队伍"出现的时代背景一致，说明从1998年起，国家重视高等院校人才培养。根据图1.3可知，2019—2020年，聚类"♯3 高校科技创新"的关键词节点几乎为零，说明2019—2020年该聚类的关注度降低。

⑤聚类"♯4 创新能力"中最大的关键词节点是"灵感思维"。学者许志峰[32]对中外科技史上数百件灵感创新活动进行了概括，发现"灵感"是创新的重要思维方式之一。此外，聚类"♯4 创新能力"包括"科技创新团队""人才""科技投入"等重要的关键词节点，均是影响创新能力的关键因素。党的十九大报告提出："坚持陆海统筹，加快建设海洋强国"，推动海洋科技创新是建设海洋强国必不可少的重要措施。2019年，我国创新能力的关注点从"人才""团队"转变为"海洋强国"。

⑥聚类"♯5 经济增长"中最大的关键词节点是"经济增长"，相关文献最早出现于2007年。聚类"♯5 经济增长"的关键词节点"经济增长"与其他7个聚类密不可分，其他7个聚类中均出现关键词节点"经济增长"，说明科技创新与经济增长联系密切，科技创新是影响经济增长的关键驱动因素[33]。

⑦聚类"♯6 农业科技创新"中最大的关键词节点是"农业科技创新"，相关文献最早出现在1998年，学者陈友云等[34]从基本前提、根本目标、主要内容和必要措施4个方面，对中国新的农业技术革命进行了讨论，提出农业发展和科技进步必定会带来新的农业技术革命。2012年中央一号文件聚焦农业科技创新，因此，2012—2020年，关键词节点"农业科技创新"出现的频次增多。

⑧聚类"♯7 粤港澳大湾区"涉及的文献较少，最早与之相关的文献出现在1998年，涉及关键词节点"国际合作与交流"。2019年2月18日，中共中

央、国务院正式公开发布《粤港澳大湾区发展规划纲要》。把粤港澳大湾区建设成"具有全球影响力的国际科技创新中心"是应对新一轮科技革命挑战、参与全球竞争、提高国家竞争力的重要砝码[35]。2019—2020年,与"粤港澳大湾区"相关的研究文献数量有所增加。

纵观图1.5及图1.6中的关键词时间线图分布发现,科技创新一直是国内外政府管理部门和学术界的研究热点。但随着不同时期国家政策的调整,关注热点随之改变。同时,科技创新的成果不再单一应用于企业,也广泛应用于高校、农业等其他领域。其中科技创新与生态环境的关系研究多次出现在不同聚类时间线上,说明环境问题广受关注。

1.4　结论

利用CiteSpace 6.1.R6绘制了国内外科技创新研究文献的关键词共现图谱、关键词聚类图谱和关键词时间线图谱。研究表明,不同时期国内外科技创新研究的侧重点不同,国家政策是影响科技创新研究的主导因素。创新是引领发展的第一动力,我国始终坚持创新驱动发展,把科技创新摆在国家发展全局的核心位置,以科技创新造福人类,努力将我国建设成为世界领先的科技创新中心。

参考文献

[1] Chen C. Searching for intellectual turning points: progressive knowledge domain visualization.[J]. Proceedings of the National Academy of Sciences of the United States of America, 2004, 101(1):5303-5310.

[2] 孙新宇,姜华. 国内外高等教育研究主题之比较分析[J]. 教育学术月刊, 2014(1): 19-24.

[3] 曹晶,张沛黎,周亚丽. 基于CiteSpaceⅢ的国外中亚研究分析[J]. 农业图书情报学刊, 2018, 30(9):19-26.

[4] 陈绍辉,王岩. 中国社会思潮研究的科学知识图谱分析——基于 CiteSpace 和 Vosviewer 的综合应用[J]. 上海交通大学学报(哲学社会科学版),2018,26(6):22-30.

[5] 白静. 新中国 70 年科技方针历史变迁[J]. 中国科技产业,2019(10):7-8.

[6] Chen C,Ibekwe-San Juan F,Hou J. The structure and dynamics of cocitation clusters:A multiple-perspective cocitation analysis[J]. Journal of the American Society for Information Science and Technology,2010,61(7):1386-1409.

[7] 彭英,黄印,闫家梁. 我国创新网络的知识图谱可视化研究——基于 CNKI 数据库 1990—2018 年数据的科学计量分析[J]. 电子商务,2019(6):62-65.

[8] Chen C,Song M. Visualizing a field of research:A methodology of systematic scientometric reviews.[J]. PloS One,2019,14(10):0223994.

[9] 钟海燕,冷玉婷. 基于知识图谱的成渝地区双城经济圈研究综述[J]. 重庆大学学报(社会科学版),2020,26(4):13-26.

[10] 陈强,沈天添. 中国科技创新政策体系演变研究——基于 1978—2020 年 157 份政策文本的量化分析[J]. 中国科技论坛,2022(12):35-46.

[11] Lillis D A,Ho A C M,Campbell H,et al. Evaluating support for technological research and innovation in some New Zealand businesses:a survey[J]. Research Evaluation,2002,11(1):37-48.

[12] 胡志坚,冯楚健. 国外促进科技进步与创新的有关政策[J]. 科技进步与对策,2006(1):22-28.

[13] Calderini M,Scellato G. Academic research,technological specialization and the innovation performance in European regions:an empirical analysis in the wireless sector[J]. Industrial and Corporate Change,2005,14(2):279-305.

[14] Martin-Rios C,Parga-Dans E. The early bird gets the worm,but the second mouse gets the cheese:Non-technological innovation in creative industries[J]. Creativity and Innovation Management,2016,25(1):6-17.

[15] Reischauer G. Industry 4.0 as policy-driven discourse to institutionalize innovation systems in manufacturing[J]. Technological Forecasting & Social Change,2018,132:26-33.

[16] 司金銮. 企业技术创新:国外经验与中国抉择[J]. 当代财经,2001(6):57-59+62.

[17] De Massis A, Frattini F, Lichtenthaler U. Research on technological innovation in family firms: Present debates and future directions[J]. Family Business Review, 2013,26(1):10-31.

[18] Muhammad S, Chandrashekar R, Malin S, et al. Public-private partnerships investment in energy as new determinant of CO_2 emissions: The role of technological innovations in China[J]. Energy Economics, 2019,86(C).

[19] Sohag K, Begum R A, Abdullah S M S, et al. Dynamics of energy use, technological innovation, economic growth and trade openness in Malaysia[J]. Energy, 2015,90:1497-1507.

[20] Ahmad M, Jiang P, Majeed A, et al. The dynamic impact of natural resources, technological innovations and economic growth on ecological footprint: An advanced panel data estimation[J]. Resources Policy, 2020,69.

[21] Bi K, Huang P, Wang X. Innovation performance and influencing factors of low-carbon technological innovation under the global value chain: A case of Chinese manufacturing industry[J]. Technological Forecasting & Social Change, 2016,111: 275-284.

[22] Lin S, Xiao L, Wang X. Does air pollution hinder technological innovation in China? A perspective of innovation value chain[J]. Journal of Cleaner Production, 2021, 278:123326.

[23] Jiao H, Yang J, Zhou J, et al. Commercial partnerships and collaborative innovation in China: the moderating effect of technological uncertainty and dynamic capabilities [J]. Journal of Knowledge Management, 2019,23(7):1429-1454.

[24] Camisón C, Villar-López A. Organizational innovation as an enabler of technological innovation capabilities and firm performance[J]. Journal of Business Research, 2014,67(1):2891-2902.

[25] Xiao D, Su J. Role of technological innovation in achieving social and environmental sustainability:mediating roles of organizational innovation and digital entrepreneurship[J]. Frontiers in Public Health, 2022,10:850172.

[26] Lepak D P. Employment flexibility and firm performance: examining the interaction effects of employment mode, environmental dynamism, and technological intensity

[J]. Journal of Management,2003,29(5):681-703.

[27] De Meyer A, Loh C. Impact of information and communications technologies on government innovation policy: an international comparison[J]. Int. J. of Internet and Enterprise Management,2004,2(1):1-29.

[28] 曹希敬,袁志彬. 新中国成立70年来重要科技政策盘点[J]. 科技导报,2019,37(18):20-30.

[29] 周静,王立杰,石晓军. 我国不同地区高校科技创新的制度效率与规模效率研究[J]. 研究与发展管理,2005(1):109-117.

[30] 尤瑞玲,陈秋玲. 我国沿海地区科技创新效率的省域差异研究[J]. 技术经济与管理研究,2017(5):119-123.

[31] 李嘉怡,田洪红,欧瑞秋. 广东省地级市科技创新能力的DEA分析[J]. 统计与管理,2020,35(12):37-44.

[32] 许志峰. 论科技创新中的灵感思维[J]. 科学技术与辩证法,1998(3):14-19+24.

[33] 徐庆贵. 关于科技创新、产业结构升级与经济增长的研究[J]. 产业科技创新,2019,32(1):120-122.

[34] 陈友云,刘忠松. 新的农业技术革命之管见[J]. 湖南农业大学学报(自然科学版),1998(2):83-87.

[35] 杜德斌. 全球科技创新中心:世界趋势与中国的实践[J]. 科学,2018,70(6):15-18+69.

第二章

国内外经济发展研究
可视化分析

发展是人类共同面对的重大问题，经济发展更是世界各国重点研究的关键问题，2019年全球性暴发的新冠肺炎疫情对世界范围内的各经济体均产生了极大的冲击。为减弱"偶发性"重大危机对经济发展的影响，全球价值链与世界贸易格局亟需调整。中国自改革开放以来，经济发展取得了世界瞩目的成就，党的二十大提出全面建设社会主义现代化国家的首要任务是高质量发展，面对新冠疫情的冲击，全国经济虽受影响，但通过稳健的措施巩固了企稳向好趋势。经济发展是国内外政府机构及学术界共同关注的研究热点。为此，立足现实国际形势，对WOS核心数据库及CNKI核心数据库中收录的经济发展研究期刊文献展开科学计量分析与可视化研究，深度探究全球经济发展研究的热点主题与演化趋势。通过系统分析国内外经济发展研究的文献特征，确定经济发展知识图谱上的重要引文节点文献和突现关键词所表征的研究前沿热点，明晰国内外经济发展研究现状，为中国经济发展领域研究深化提供宝贵经验。

2.1 研究方法与数据来源

利用陈超美教授开发的CiteSpace软件，处理检索文献数据，将国内外经济发展研究知识领域的演进历程集中展现在一幅引文网络图谱上。通过国内外经济发展研究文献的科学计量学分析，对发文学者和机构、关键词等关键信息绘制知识图谱，可视化展现1998—2020年国内外经济发展研究热点和趋势，揭示国内外经济发展研究领域的热点问题及演化历程。

为系统分析把握学界对国内外经济发展研究的研究状况和进展情况，基于WOS核心数据库与CNKI核心数据库，选取1998—2020年间的SSCI、SCI、CSSCI来源期刊（含扩展版）为研究样本。分别设置检索条件如下：WOS高级检索框中设定"篇名＝economic development and high-quality economic development"，在CNKI高级检索框中设定"篇名＝经济发展 and 经济高质量发展"，最终得到2 768篇英文文献和2 775篇中文文献。

2.2 文献计量分析

2.2.1 发文量统计

年度发文数量是衡量经济发展研究热度与发展趋势的重要指标。1998—2020 年,WOS 经济发展研究发文量总体呈波动上升态势,CNKI 经济发展研究发文量总体呈倒"U"形发展态势(见图 2.1)。

图 2.1　1998—2020 年国内外经济发展研究发文量

根据图 2.1 可知,国际经济发展研究 WOS 的 SSCI 及 SCI 的期刊发文量呈现"缓慢波动上升—剧烈波动上升"的变化态势。其中,1998—2016 年为缓慢波动上升阶段,年均发文量在 71 篇以上,1998—2010 年发文量有序上升,2011 年有所回落但 2012—2016 年发文量基本达到年均 100 篇的水平;2017—2020 年为剧烈波动上升阶段,年均发文量迅速增加,达到 330 篇以上,2017 年发文量巨幅上升,2018 年略有回落,2019—2020 年保持较高的上升幅度,并于 2020 年达到年发文 413 篇的峰值。中国经济发展研究 CNKI 数据库中的 CSSCI 期刊发文量呈现"波动上升—下降—持续上升"的变化态势。其中,1998—2009 年为波动上升阶段,年均发文量达到 101 篇以上;2009—2016 年为下降阶段,但年均发文量达到 156 篇以上;2016—2020 年为持续上升阶段,年均发文量达到 118 篇以上。此外,图 2.1 显示 2016 年之前 CNKI 期刊发文量一直高于 WOS,2016 年 WOS 期刊发文量开始反超 CNKI,自此 WOS 期刊发文量一直远超 CNKI。据图 2.1 对当前文献数量的变化趋势预判可知,未来该领域的发文量还将持续增加。

2.2.2 机构合作分布

运用 CiteSpace 可视化分析软件,得到发文量排名前 10 的高校和研究机构(见表 2.1)及高校和研究机构合作图谱(见图 2.2 及图 2.3)。

从表 2.1 中可知,WOS 中关于经济发展研究,中国社会科学院的发文量排第一,其发文量占比约 1.5%,北京科技大学的发文量排第二,其发文量占比约 1%。CNKI 中关于经济发展研究,中国社会科学院的发文量排第一,其发文量占比约 4%;中国人民大学发文量排第二,其发文量占比约 3%。

表 2.1　1998—2020 年经济发展研究发文量排名前 10 的机构

单位:篇

排序	WOS 单位名称	发文量	CNKI 单位名称	发文量
1	Chinese Acad Sci	41	中国社会科学院	119
2	Beijing Inst Technol	26	中国人民大学	70
3	Univ Chinese Acad Sci	18	南开大学	61
4	Russian Acad Sci	16	吉林大学	61
5	Univ Manchester	14	西北大学	58
6	Australian Natl Univ	13	武汉大学	56
7	Univ Illinois	13	北京大学	50
8	Michigan State Univ	12	复旦大学	43
9	Univ Malaya	12	南京大学	42
10	Harvard Univ	12	中南财经政法大学	38

机构合作网络图谱中,字体的大小与高校和研究机构发文量呈正相关关系;连线体现了不同高校和研究机构之间的合作关系,连线越粗说明合作越紧密,无连线则说明没有合作关系。

据图 2.2 可知，WOS 中，关于经济发展研究发文量最多、具有核心代表位置的机构为中国社会科学院。同时，北京科技大学、中国社会科学院大学、俄罗斯科学院、曼彻斯特大学、澳大利亚国立大学等成为次核心的代表性机构。此外，该领域已形成多个紧密合作的高校及研究机构团体，如中国社会科学院-北京科技大学-中国社会科学院大学、中国人民大学-俄罗斯科学院、哈佛大学-曼彻斯特大学、密歇根州立大学-布鲁内尔大学、澳大利亚国立大学-蒙纳士大学等，其中以中国社会科学院为中心的机构合作团体规模最大。

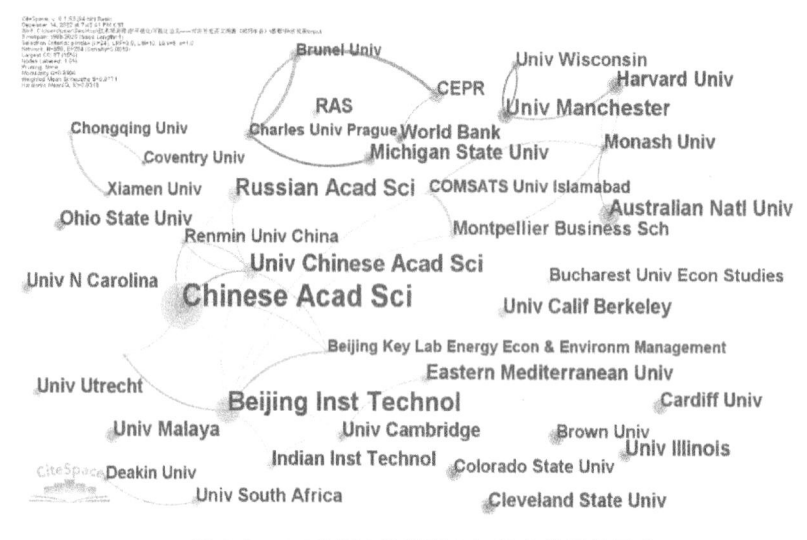

图 2.2　WOS 经济发展研究机构合作网络图谱

据图 2.3 可知，CNKI 中，中国社会科学院成为经济发展研究领域最核心的代表性机构。同时，中国人民大学、武汉大学、西北大学、南京大学、西安交通大学、吉林大学等成为次核心的代表性高校与研究机构。此外，该领域研究已形成了多个合作较紧密的高校和研究机构团体，如中国科学院地理科学与资源研究所-南京师范大学地理科学学院、北京大学经济学院-中南大学商学院、中国社会科学院-中国人民大学-南京大学经济学院、中国社会科学院-西北大学经济管理学院-中央财经大学经济学院、中国社会科学院-重庆大学经济与工商管理学院-浙江工商大学经济学院等，其中以中国社会科学院为中心的团队规模最大。

图 2.3 CNKI 经济发展研究机构合作网络图谱

2.2.3 作者合作特征

作者间的合作关系及程度直接反映了经济发展研究领域的学术共享情况,高影响力作者合作团体学术成果扩散更为容易[1]。运用 CiteSpace 可视化分析软件,可得 1998—2020 年该领域的作者合作网络(见图 2.4 及图 2.5)。作者合作网络图谱中,节点越大代表该作者在领域内影响力越高,连线则代表了作者之间的合作关系,作者合作的紧密度与连线粗细呈正相关。

根据图 2.4 可知,WOS 中该领域研究的作者合作并不密切,作者分布较为分散。同时存在一些学者合作团队,如两两合作的学术团体,包括 Muazu Ibrahim-Alagidede Paul、Simon Jenniches-Worrell Ernst、Junusbekova Gulsara A. Svetlana O. Mukhametzhan、Chittedi Krishna Reddy-Chandrashekar Raghutla 等,3 个及以上作者合作的学术团体,包括 Arvin Mar B-Rudra P. Pradhan-Bennett Sara E 及以 Shahbaz Muhammad 为中心的多学者合作团队。

根据图 2.5 可知,CNKI 中该领域研究的作者合作较密切,以 2 个作者合作的学术团体居多,如李国璋-张唯实、王彩波-陈霞、何自力-冯新舟、龙斧-王今朝、刘华军-杨骞。同时,涉及 3 个及以上作者合作的学术团队有任保平-师

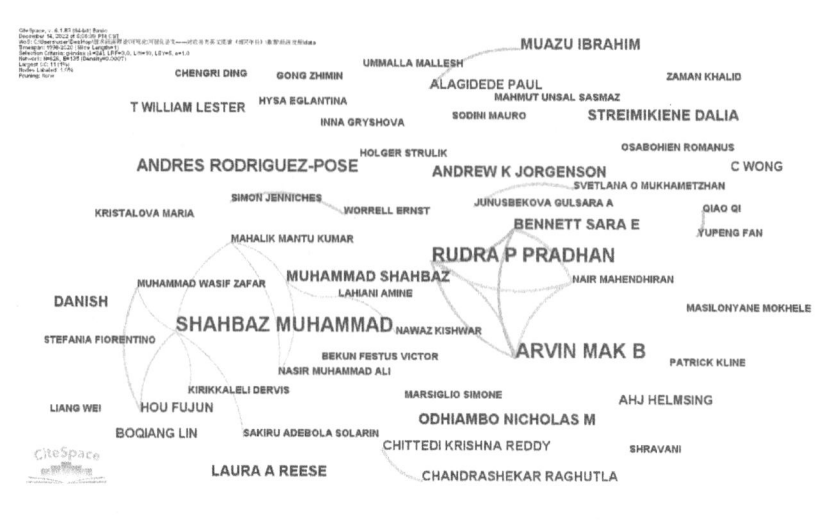

图 2.4　WOS 经济发展研究作者合作网络图谱

博-宋雪纯、厉以宁-赵大伟-柳斌杰-谢伏瞻-马建堂。

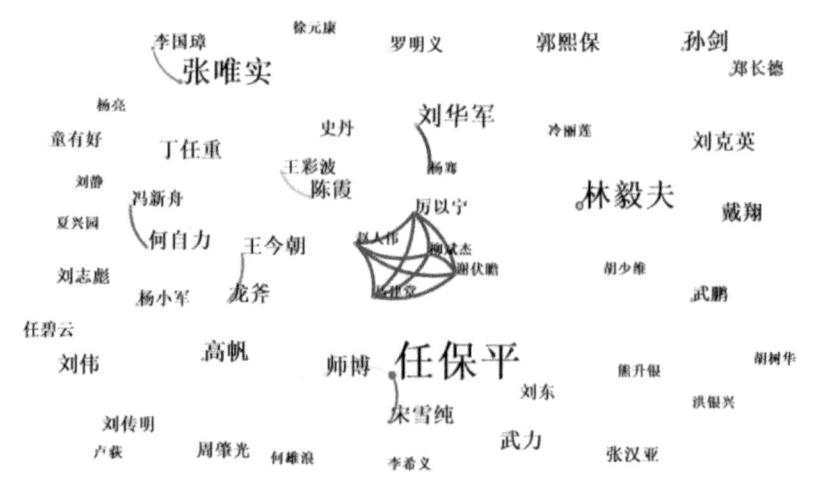

图 2.5　CNKI 经济发展研究作者合作网络图谱

依据图 2.4 及图 2.5,借鉴美国著名科学计量学专家普莱斯对高产学者的界定公式[2],对该领域研究的核心作者进行筛选,即

$$m = 0.749\sqrt{n_{\max}} \tag{2.1}$$

式(2.1)中：m 为筛选标准，即核心作者发文量的下限值；n_{max} 为最高产学者的发文量。

根据式(2.1)，针对 WOS 与 CNKI 分别选取该领域发文量最多的作者发表的文献数作为参照值，确定核心作者群。经计算得到 WOS 经济发展研究领域中 $m=2.59$，CNKI 经济发展研究领域中 $m=3.84$，表明在 WOS 中发文量达到 3 篇以上即为核心作者，在 CNKI 中发文量达到 4 篇以上即为核心作者。通过文献梳理，该领域研究的核心作者如表 2.2 所示。

表 2.2　经济发展研究核心作者群

WOS		CNKI	
发文量	核心作者	发文量	核心作者
5 篇以上	Muhammad Shahbaz（12 篇）、Mak Arvin（8 篇）、Rudra Prakash Pradhan（7 篇）、Andrés Rodríguez-Pose（5 篇）	6 篇以上	任保平（26 篇）、林毅夫（10 篇）、张唯实（9 篇）、刘华军（6 篇）
4 篇	Danish、Muazu Ibrahim、Dalia Streimikiene、Andrew Jorgenson	5 篇	孙剑、高帆、师博
3 篇	Mantu Kumar Mahalik、Mahendhiran Nair、Liang Wei、Ting Gan	4 篇	刘伟、戴翔、宋雪纯、龙斧、郭熙保、何自力、陈霞、刘克英、丁任重、王今朝、武力

根据普莱斯定律，研究领域核心作者的发文量应占总发文量的 50%。表 2.2 中核心作者虽代表了该领域的中坚力量，但计算可知 WOS 经济发展研究领域核心作者群体发文量仅占 WOS 核心期刊库总发文量的 2%，CNKI 经济发展研究领域核心作者群体发文量仅占 CSSCI 文献总量的 4%，均远小于 50%的标准。因此，该领域亟需加快形成稳定的核心作者群体。

2.3　国内外经济发展研究热点分析

2.3.1　热点关键词分析

（1）关键词共现分析

关键词代表文献的核心议题和研究领域，文献中高频次出现的关键词可视为该领域的研究热点[3]。通过对1998—2020年经济发展研究领域的SSCI、SCI、CSSCI期刊文献进行关键词共现分析,得到关键词共现网络图谱(见图2.6及图2.7)、频次和中心性排名前20的关键词(见表2.3及表2.4)。

关键词共现网络图谱中,关键词之间的连线代表两个关键词出现在同一篇文献中,连线越粗则共现频次越高。年轮的厚度与关键词词频成正比,节点越大、关键词字体越大,则该关键词总体频次越高[4]。关键词表格中,关键词的中心性主要用于测度节点在关键词共现网络图谱中的重要性。通常,关键词的中心性数值大于等于0.1,说明该关键词具有高中心性,在关键词共现网络图谱中具有重要影响力。关键词的出现频次与其中心性并不存在必然的相关性,即高频关键词并不一定是高中心性关键词,而出现频次与中心性数值均高的关键词在关键词共现网络图谱中的作用更为关键。

根据图2.6及表2.3可知,首先,按照圆形节点及字体大小分辨,关键词"growth"在该共现网络图谱中为频次最高、中心性最大、与其他关键词联系最为紧密的核心关键词。其次,"economic development""economic growth""financial development""energy consumption""CO_2 emission""model""China""impact""policy"等词也同时具有高频次和高中心性,凸显了1998—2020年WOS经济发展研究领域的核心主题。

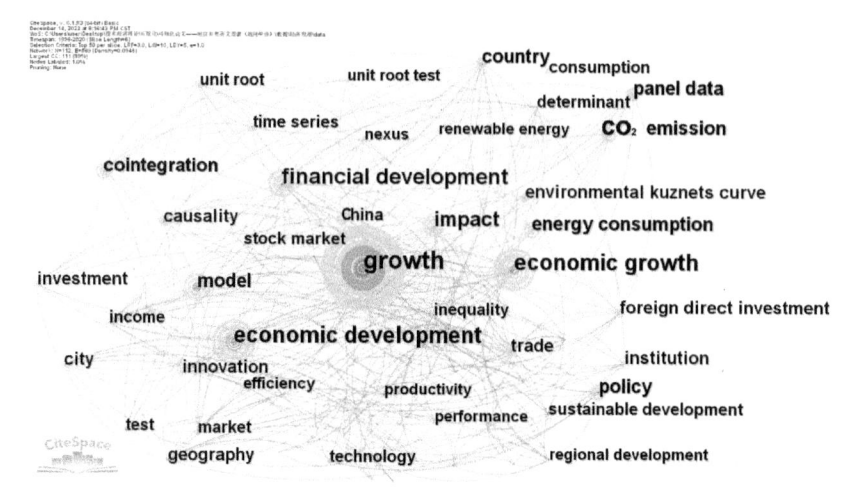

图2.6 WOS科技创新研究关键词共现图谱

表 2.3　WOS 科技创新研究频次和中心性排名前 20 的关键词

排序	频数			排序	中心性		
	频次	中心性	关键词		中心性	频次	关键词
1	668	0.03	growth	1	0.01	171	CO_2 emission
2	417	0.02	economic growth	2	0.08	290	financial development
3	405	0	economic development	3	0.06	47	liberalization
4	290	0.08	financial development	4	0.05	30	globalization
5	181	0.01	impact	5	0.05	16	business
6	171	0.01	CO_2 emission	6	0.05	16	competitiveness
7	171	0.01	model	7	0.05	14	benefit
8	162	0	policy	8	0.04	137	energy consumption
9	156	0.02	cointegration	9	0.04	124	trade
10	152	0.01	panel data	10	0.04	105	innovation
11	145	0.02	country	11	0.04	92	environmental kuznets curve
12	137	0.04	energy consumption	12	0.04	83	income
13	124	0.04	trade	13	0.04	42	democracy
14	111	0.02	institution	14	0.04	11	choice
15	105	0.04	innovation	15	0.03	668	growth
16	103	0.01	investment	16	0.03	73	inequality
17	100	0.01	city	17	0.03	64	regional development
18	99	0.01	causality	18	0.03	45	industry
19	99	0.02	foreign direct investment	19	0.03	38	firm
20	92	0.01	China	20	0.03	36	government

据图 2.7 和表 2.4 可知，首先，按照年轮的厚度，节点"经济发展"在关键词共现网络图谱中频次最高、中心性最大、与其他关键词连线最为密集。其次，"中国经济发展""经济增长""区域经济""低碳经济""中国""高质量发展""经济高质量发展"等词同时具有高频次和高中心性，凸显了 1998—2020 年 CNKI 经济发展研究领域的核心主题。

（2）关键词突变分布

突现词主要是以关键词为基础，在某个时间跨度内所发表的文献中专业术语的突显,也反映出该时段的研究热点,主要表现在突现词的年代分布和突变强度两个方面[5]。在图 2.6 及图 2.7 的基础上,得到 1998—2020 年国内外经济发展研究的前 20 个关键词突变分布(见表 2.5 及表 2.6)。突现词表

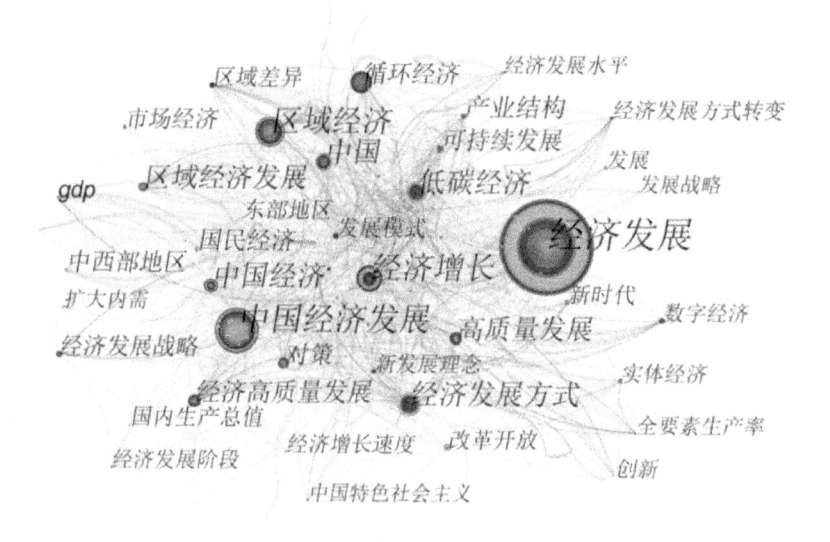

图 2.7 CNKI 经济发展研究关键词共现网络图谱

表 2.4 CNKI 经济发展研究频次和中心性排名前 20 的关键词

排序	频数			排序	中心性		
	频次	中心性	关键词		中心性	频次	关键词
1	404	0.49	经济发展	1	0.49	404	经济发展
2	176	0.24	中国经济发展	2	0.24	176	中国经济发展
3	113	0.12	区域经济	3	0.14	100	经济增长
4	100	0.14	经济增长	4	0.13	78	中国
5	86	0.09	低碳经济	5	0.12	113	区域经济
6	81	0.06	经济发展方式	6	0.09	86	低碳经济
7	78	0.13	中国	7	0.09	65	中国经济
8	71	0.03	循环经济	8	0.06	81	经济发展方式
9	69	0.06	高质量发展	9	0.06	69	高质量发展

续表

排序	频数			排序	中心性		
	频次	中心性	关键词		中心性	频次	关键词
10	65	0.09	中国经济	10	0.06	46	区域经济发展
11	46	0.06	区域经济发展	11	0.05	17	中西部地区
12	44	0.04	经济高质量发展	12	0.04	44	经济高质量发展
13	40	0.03	对策	13	0.04	33	可持续发展
14	35	0.02	发展模式	14	0.04	32	产业结构
15	33	0.04	可持续发展	15	0.04	12	东部地区
16	32	0.04	产业结构	16	0.03	71	循环经济
17	29	0.03	经济发展战略	17	0.03	40	对策
18	28	0.03	市场经济	18	0.03	29	经济发展战略
19	26	0.02	新常态	19	0.03	28	市场经济
20	26	0	民营经济	20	0.03	21	实体经济

格中，Year 表示该数据首次出现时间，Strength 表示的是突变强度，强度越高代表短时间内该关键词出现的频次越多。Begin 代表的是该关键词成为热点前沿的时间，End 表示该关键词作为热点前沿结束的时间，黑线表示突现词突现持续的时间。

根据表 2.5 可知，1998—2003 年，"endogenous growth""policy""united states""local economic development""location""long run growth"等成为 WOS 经济发展研究的主要突现词，区域异质性发展与政策差异成为当期研究重点。2004—2016 年，"economic development""geography""space""law"等成为 WOS 经济发展研究的主要突现词。研究热点会随着时间推移而深化或改变，当前全球经济发展与环境保护及社会发展息息相关，在此背景下中国更是提出了高质量发展目标及"双碳计划"，因此在 2017—2020 年这个阶段，"socio-economic development""carbon emission"等成为突现词和研究热点。

表 2.5 1998—2020 年 WOS 经济发展研究排名前 20 的关键词突变分布

Keywords	Year	Strength	Begin	End
model	1999	7.65	1999	2015
policy	1998	7.56	1998	2009
endogenous growth	1998	6.99	1998	2015
state	2001	6.8	2001	2015
city	1998	6.74	1998	2015
united states	1998	6.34	1998	2009
convergence	1999	5.99	1999	2015
cluster	2001	5.88	2001	2015
firm	1999	5.67	1999	2015
increasing return	1998	5.59	1998	2015
long run growth	1999	5.13	1999	2015
local economic development	1998	5.07	1998	2009
location	1998	4.98	1998	2009
intermediation	2001	4.91	2001	2015
space	2005	6.01	2005	2015
economic development	1998	5.77	2004	2009
geography	1999	5.46	2004	2020
law	2003	5.34	2004	2015
socio-economic development	2017	5.54	2017	2020
carbon emission	2017	4.72	2017	2020

根据表 2.6 可知，1998—2009 年，"中国经济发展""知识经济""经济增长速度""区域经济""发展战略"等成为中国经济发展研究的主要突现词，中西部地区成为该时期重点关注的地区。2010—2016 年，"经济发展方式""经济发展模式""低碳经济""实体经济""新常态"等成为中国经济发展研究的主要突现词。随着时间的不断推移，研究热点也随之变化，党的十九大提出"我国经济已由高速增长阶段转向高质量发展阶段"，因此在 2017—2020 年这个阶段，"经济高质量发展""新时代""新发展理念"等成为突现词和研究热点。

表 2.6　1998—2020 年 CNKI 经济发展研究排名前 20 的关键词突变分布

Keywords	Year	Strength	Begin	End	1998—2020
中国经济发展	1998	35.72	1998	2002	
知识经济	1998	9.82	1998	2002	
中西部地区	1998	7.19	1998	2004	
经济增长速度	1998	6.41	1999	2001	
发展战略	1998	5.8	2001	2006	
对策	1998	11.18	2002	2009	
循环经济	1998	12.96	2004	2010	
区域经济	1998	6.07	2005	2008	
经济发展方式	1998	18.25	2009	2015	
金融危机	1998	8.66	2009	2010	
经济发展模式	1998	6.21	2009	2013	
低碳经济	1998	28.05	2010	2015	
经济发展方式转变	1998	7.43	2011	2013	
实体经济	1998	6.95	2013	2020	
新常态	1998	14.02	2014	2017	
创新驱动	1998	6.35	2015	2020	
数字经济	1998	10.61	2017	2020	
新时代	1998	8.58	2017	2020	
经济高质量发展	1998	23.94	2018	2020	
新发展理念	1998	7.54	2018	2020	

2.3.2　研究热点主题分析

CiteSpace 在聚类标签的提取上提供了四种标签提取算法：LSI（潜语义索引）、TF-IDF 加权算法（系统默认的自动标签词提取算法）、LLR（对数似然比检验）、MI（互信息算法）。综合来看，使用 LLR 算法进行的聚类所提取的标签更加符合实际情况且重复情况少[4]。为此，使用对数似然法（LLR）对高频关键词进行聚类，得到国内外经济发展研究的关键词聚类图谱（见图 2.8 及图 2.9）。

通常，衡量聚类好坏的指标有两个，分别是 Q 值和 S 值。Q 值是模块值，表示模块化程度,其大小代表聚类显著性;S 值是平均轮廓值,表示模块内部聚类的好坏,其大小代表聚类合理性。一般情况下,Q 值大于 0.3 表示聚类是显著的,Q 值大于 0.7 表示聚类是令人信服的;S 值大于 0.5 表示聚类是合理的,S 值大于 0.7 表示聚类效果是令人信服的[6]。分别对国内外经济发展研究的核心期刊文献进行聚类分析,得到 WOS 经济发展研究的聚类模块值 Q 为 0.819 2,聚类平均轮廓值 S 为 0.935 3,CNKI 经济发展研究的聚类模块值 Q 为 0.751,聚类平均轮廓值 S 为 0.838,说明聚类结果均可信且合理。

根据图 2.8 可知,WOS 经济发展研究的热点关键词共分为 7 个聚类,主要包括"♯0 economic development""♯1 economic growth""♯2 development policy""♯3 financial development""♯4 energy consumption""♯5 city""♯6 local economic development"。并且,聚类的序号越小则说明其中包含的关键词越多。由图 2.8 可知,WOS 经济发展研究的主要内容可分为如下四个方面:①宏观层面的经济发展研究,包含的聚类为♯0 economic development、♯1 economic growth、♯2 development policy;②区域层面的经济发展研究,包含的聚类为♯5 city、♯6 local economic development;③生态层面的经济发展研究,包含的聚类为♯4 energy consumption;④重点行业的经济发展研究,包含的聚类为:♯3 financial development。

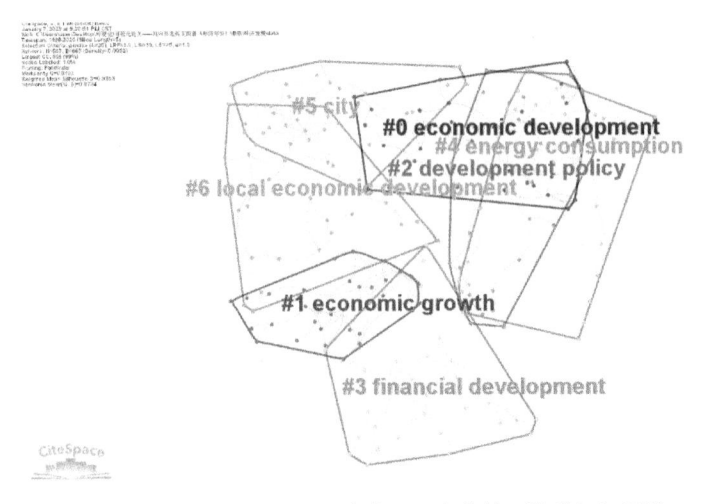

图 2.8　WOS 经济发展研究关键词聚类知识图谱

根据图 2.9 可知,CNKI 经济发展研究的热点关键词共分为 12 个聚类,主要包括"♯0 市场经济""♯1 经济发展""♯4 发展模式""♯5 对策""♯6 循环经济""♯7 民营经济""♯8 城镇化""♯9 创新驱动""♯10 产业结构""♯11 经济增长"。其中,数字越小,说明聚类中包含的关键词越多。由于聚类♯2 与聚类♯3 的 S 值小于 0.5,故分析时予以剔除。由图 2.9 可知,CNKI 经济发展研究的主要内容可分为四个方面:①国家层面的经济发展研究,包含的聚类有♯0 市场经济、♯1 经济发展、♯4 发展模式、♯5 对策、♯11 经济增长;②区域层面的经济发展研究,包含聚类♯8 城镇化;③经济高质量发展研究,包含聚类♯6 循环经济、♯9 创新驱动、♯10 产业结构;④不同领域的经济发展研究,包含♯7 民营经济。

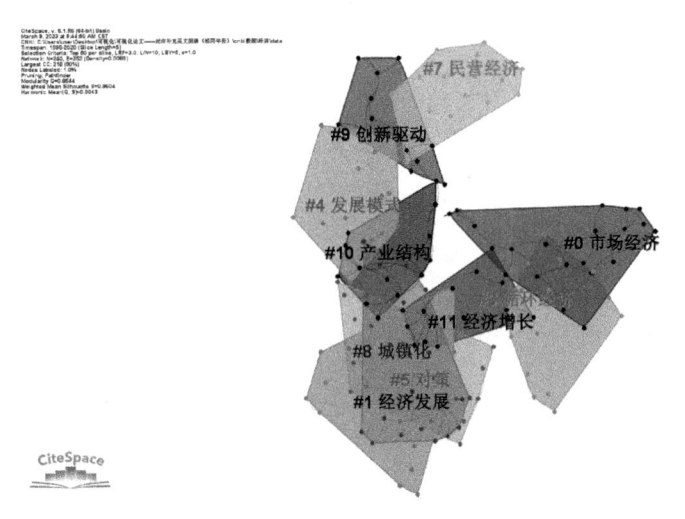

图 2.9　CNKI 经济发展研究关键词聚类知识图谱

2.4　国内外经济发展与研究的演化脉络

在得到关键词共现网络图谱与关键词聚类知识图谱的基础上,为进一步揭示不同时期国内外经济发展的演化脉络,运用 CiteSpace 可视化分析软件,得到关键词时间线图谱(见图 2.10 及图 2.11)。关键词时间线图谱中,节点所处的年份表示该关键词首次出现的时间,节点间的连线表示不同关键词同时出现在同一篇文献中。

根据图2.10进行梳理,可将1998—2020年WOS经济发展研究进程大致分为如下三个阶段:第一阶段为1998—2007年提高经济发展速度,第二阶段为2008—2016年保持经济发展稳定,第三阶段为2017—2020年转变现有经济发展方式。

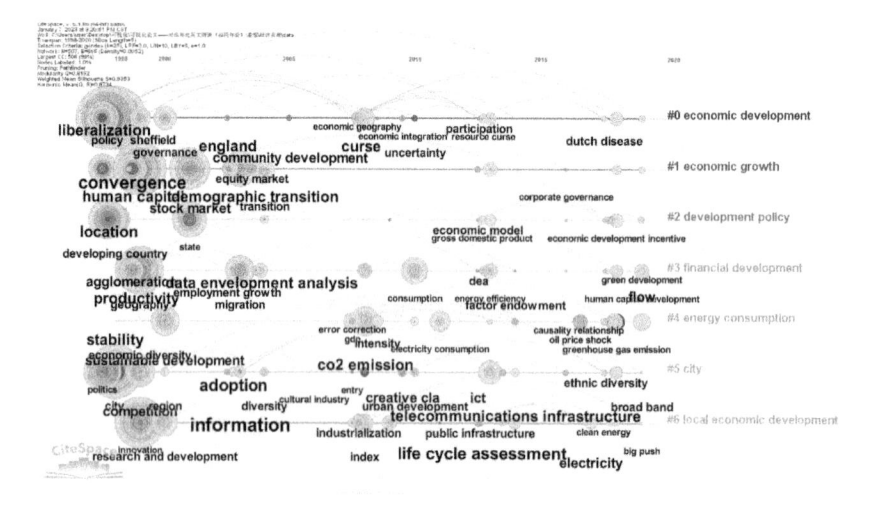

图2.10 WOS经济发展研究脉络图

对1998—2007年间WOS经济发展研究主要关键词整理如下:liberalization(贸易自由化)、policy(政策)、governance(政府)、human capital(人力资本)、economic geography(经济地理学)、economic integration(经济一体化)、convergence(融合)、equity market(股票市场)、demographic transition(人口结构转型)、location(地理位置)、developing country(发展中国家)、agglomeration(城市群)、DEA(数据包络分析)、employment growth(就业增长率)、productivity(生产率)、stability(稳定性)、economic diversity(经济多元化)、sustainable development(可持续发展)、politics(政治)、competition(竞争)、region(区域)、adoption(采取,采纳)、cultural industry(文化产业)、diversity(多元化)、innovation(创新)、research and development(研究开发)。

通过对该阶段的文献关键词的梳理可知在此时间跨度内经济发展领域的研究重点聚焦在提升速度层面。重点关注如下三个方面：①国家政策差异性与本国及贸易往来国经济发展的关系研究；②区域发展不平衡与全球经济一体化进程与质量的关系研究；③经济形式多元化与全球经济可持续发展的关系研究。整理相关文献可知，Bahar[7]指出国家移民政策的差异会在不同程度上影响本国经济发展且侨民资本的正确利用可正向促进地区经济发展；周中林等[8]指出战后两次区域经济集团化的高潮虽在客观上促进了全球经济一体化进程，但由于国际经济市场竞争加剧导致区域经济发展不平衡；Xu等[9]指出因不可再生能源的消耗量超过环境负荷，发展经济多样性以缓解能源消耗数量是经济可持续发展的必由之路。

对2008—2016年间WOS经济发展研究主要关键词整理如下：participation（参与度）、resource curse（资源诅咒）、corporate governance（公司治理）、economic model（经济模型）、Gross Domestic Product（GDP，国内生产总值）、consumption（消费）、energy efficiency（能源效率）、factor endowment（要素禀赋）、error correction（误差修正）、intensity（强度）、electricity consumption（电力消耗）、CO_2 emission（二氧化碳排放）、creative cla（创意授予版权许可）、urban development（城市发展）、ICT（信息与通信技术）、industrialization（工业化）、index（指数）、life cycle assessment（生命周期评估）、public infrastructure（公共基础设施）。通过对该阶段的文献关键词的梳理可知，在此时间跨度内经济发展研究重点聚焦在保持稳定层面。重点关注如下三个方面：①经济发展与资源消耗及环境保护的关系研究；②经济发展与城市建设的关系研究；③经济发展与信息技术的关系研究。整理相关文献可知，Maciej等[10]提出关注能源利用的技术生态效益与寻求新的绿色能源可兼顾环境保护与经济发展质量；Yuan等[11]提出严格的环境政策、合理的产业结构以及能源效率的提升能缓解经济发展对环境带来的影响；Yue等[12]针对上海市迅速扩张的案例研究城市规划对经济发展及环境变化的影响；Syrett等[13]以伦敦市为例研究得出城市经济发展与城市空间及区域文化相关；Sassi等[14]以中东、北非地区国家为例研究发现信息通信技术可显著促进区域经济发展；Ishida[15]以日本为例研究发现信息通信技术投资可适度减少能源消耗但无法增加地区国民经济生产总值。

对 2017—2020 年间 WOS 经济发展研究主要关键词整理如下：Dutch disease（荷兰病）、economic development incentive（经济发展激励）、green development（绿色发展）、human capital development（人力资本发展）、causality relationship（因果关系）、oil price shock（第三次石油危机）、greenhouse gas emission（温室气体排放）、ethnic diversity（种族多样性）、broad band（无线宽带）、information（信息）、telecommunications infrastructure（电信基础设施）、clean energy（清洁能源）、big rush（大萧条）。通过对该阶段的文献关键词的梳理可知，在此时间跨度内经济发展的研究重点聚焦在转型发展层面。重点关注如下两个方面：①基于全球变暖现实背景展开经济发展转型升级研究；②基于新兴网络技术展开经济发展数字化研究。整理相关文献可知，Peng 等[16]研究发现可持续发展重点目标之一是加强经济发展与环境保护之间的耦合关系，具体可加大科技创新力度、坚持人才强国战略以减轻经济发展对环境保护的负面影响，同时加快转变经济发展方式以增强经济发展对环境保护的积极影响；Chen 等[17]以中国部分省份为例研究发现环境规制可通过产业结构转型升级对经济发展质量产生影响，适当调整环境规制政策可促进产业结构升级从而推进区域经济高质量发展；David 等[18]以非洲地区为例研究发现信息通信技术的渗透对经济发展产生积极影响；Myovella 等[19]选取撒哈拉以南非洲国家与经济合作与发展组织经济体作比较，分析数字化技术对发达国家、发展中国家及最不发达国家经济发展的影响差异，结果表明数字化对两组国家的经济增长均有积极贡献。

根据图 2.11 结合相关文献进行梳理可知，1998—2020 年，CNKI 经济发展研究主要分为 3 个演化阶段，具体表述如下。

1998—2008 年，此阶段重点凸显经济发展、中国经济发展、区域经济发展、经济增长、循环经济、经济发展战略、生态环境、经济转型等关键词。研究内容主要包括国家经济发展与区域经济发展、循环经济。如李玲[20]指出 21 世纪，中国经济在进入新一轮高速增长周期的同时，却遭遇了城乡差距拉大、

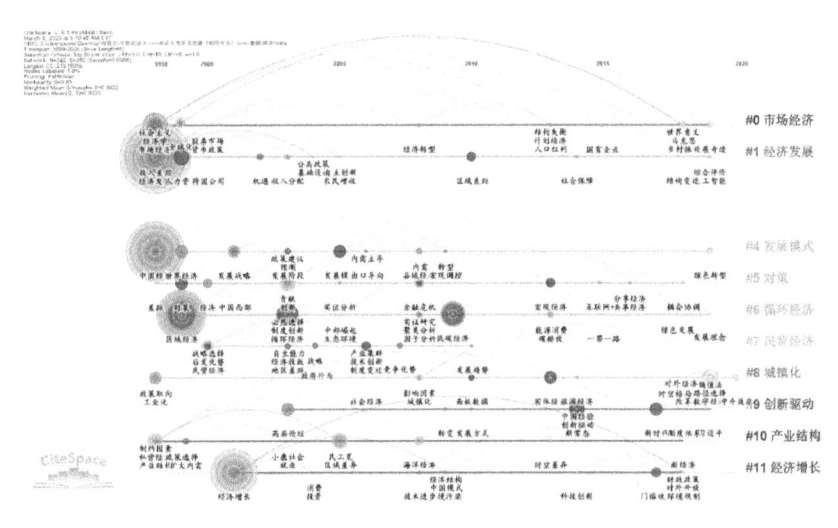

图 2.11　CNKI 经济发展研究脉络图

地区发展不平衡、经济发展和社会发展不协调等一系列制约经济发展的瓶颈因素；张莉[21]对中国区域经济发展战略研究进行了回顾与展望，指出在当前形势下，区域经济问题的解决有赖于对外开放条件下中国城市经济空间组织的深入研究；邓海军[22]认为中国应坚持循环经济的发展理念，在遵循自然生态学规律的基础上，重构经济运行系统；徐福留等[23]开发了生态环境压力法以定量测量区域经济发展对生态环境的压力，通过探究生态环境压力的变化趋势可深入探究影响因素；董锁成等[24]针对资源型城市经济转型进行研究，提出资源型城市在经济转型的过程中会面临重大经济、社会与环境问题，科技创新、机制体制、发展目标等战略创新有助于资源型城市经济发展成功转型。

2009—2015 年，该阶段主要围绕经济发展方式与经济发展模式、低碳经济、实体经济、海洋经济、旅游经济等主题展开研究。如任保平等[25]认为目前中国发展面临的约束条件发生了变化，结构失衡出现了新特点，经济发展方式的重点从需求管理向供给管理转变；孙剑[26]指出中国当前的经济发展模式面临着经济增长高度依赖投资和过度依赖外部需求等问题，因此从经济体制、市场主体、资源配置方式、经济增长、产业选择和调控方式等方面对经济发展模式做出了调整;徐承红[27]指出低碳经济是人类经济发展史中必然经历的一个阶段,基于中国面临低碳经济发展中的压力和挑战,提出中国应发展聚集型的低碳经济产业链模式,应用技术创新等手段推动和实现经济发展向低碳经济转型;丁兆庆[28]指出2008年金融危机爆发后,中国的实体经济遭受较大冲击,面临巨大困境,因此必须实施更加有利于实体经济发展的政策措施推进实体经济发展;董杨[29]针对海洋经济对中国沿海地区经济发展的带动效应进行了评价研究,并在此基础上针对海洋经济在沿海地区经济发展中存在的问题提出中国发展海洋经济的相关对策;毛润泽[30]基于发展经济学理论,分地区实证分析了影响中国区域旅游经济发展的关键因素。

2016—2020年,该阶段研究内容紧跟时代主题,主要围绕经济高质量发展研究主题展开。党的十九大报告提出"中国特色社会主义进入了新时代",这个时代的最大内涵,就是我国要逐步实现由富到强的历史性转变,在经济方面,就是"由高速增长阶段转向高质量发展阶段"。所谓高质量发展,就是按照"创新、绿色、协调、开放、共享"五大发展理念,能够很好地满足人民日益增长的美好生活需要,生产要素投入少、资源配置效率高、资源环境成本低、经济社会效益好的可持续发展。图2.11表明,该阶段出现的代表性的关键词有新经济、经济发展质量、绿色发展、改革、结构变迁等。如鲁邦克等[31]、郑耀群等[32]、朱彬[33]、王伟[34]从不同维度构建了中国经济高质量发展水平的综合测度指标体系,对中国经济的高质量发展水平进行了测度;任保平等[35]指出以新发展理念引领中国经济高质量发展的难点及实现路径,建议在推动中国经济高质量发展时进一步激发创新发展活力,加强协调发展的整体性,推进绿色发展制度体系建设,形成高水平对外开放的新格局,增强公共服务供给能力;周明星[36]指出五大发展理念与中国梦高度关联,五大发展理念为中国梦提供理念指导,中国梦是五大发展理念的使命应然,二者相互推进;杨永芳等[37]认为生态环境保护与区域经济高质量发展是中国全面建成小康社会和社会主义现代化强国的重要任务,对推进环境的高水平保护和经济高质量发展具有重要的现实意义。

总体看来,国内外经济发展领域研究热点演化衔接流畅,重点明确。环境问题出现在世界经济腾飞的时间节点,并在此后作为研究热点贯穿经济发展领域脉络。当前国内外经济发展研究的热点聚焦于不同视角下生态与经济协调发展研究与经济高质量发展研究。

2.5 结论

以WOS核心数据库中SSCI、SCI来源期刊收录的与国内外经济发展研究相关的2 768篇英文文献和CNKI数据库中CSSCI来源期刊收录的与中国经济发展研究有关的2 775篇中文文献为研究对象,采用文献计量和可视化分析相结合的方法,对经济发展研究的文献特征、研究热点及演化脉络进行分析,得出的研究结论主要包括以下4点。

①从文献发表的时间分布和演化来看,1998—2020年,WOS经济发展研究领域发文量总体呈波动上升态势,CNKI经济发展研究领域发文量总体呈倒"U"形发展态势。

②从文献发表的作者和机构合作等情况分析可以发现,作者合作呈现"小聚集、大分散"特征,Muhammad Shahbaz和任保平分别为WOS经济发展研究领域和CNKI经济发展研究领域发文量最多的作者。中国社会科学院现已成为该领域研究做出最大贡献的代表性研究机构。不同机构之间、研究作者之间有待深入合作交流。

③根据关键词共现图、关键词聚类图及关键词突变分布可知,国内外经济发展研究的主要内容集中在四个方面:国家层面的经济发展研究、区域层面的经济发展研究、可持续发展研究和不同领域及行业的经济发展研究。

④根据关键词时间线演化知识图谱可知,国内外经济发展领域研究热点演化衔接流畅,重点明确。WOS经济发展研究领域中,以"socio-economic development""carbon emission"等关键词代表的研究主题——"低碳经济"成为新兴研究热点;CNKI经济发展研究领域中,以"高质量发展""经济高质量发展""区域经济发展""循环经济""发展模式""实体经济"等关键词代表的研究主题成为新兴研究热点。当前国内外经济发展研究领域热点聚焦于不同

视角下生态与经济协调发展的研究与经济高质量发展研究。

参考文献

[1] 吴敬静,潘红玉,贺正楚. 中国消费升级研究的发展脉络与演进趋势[J]. 消费经济,2021,37(5):89-96.

[2] 丁学东. 文献计量学基础[M]. 北京:北京大学出版社,1993.

[3] 卢新元,张恒,王馨悦,等. 基于科学计量学的国内企业知识转移研究热点和前沿分析[J]. 情报科学,2019,37(3):169-176.

[4] Chen C, Ibekwe-SanJuan F, Hou J. The structure and dynamics of cocitation clusters: A multiple-perspective cocitation analysis[J]. Journal of the American Society for Information Science and Technology, 2010,61(7):1386-1409.

[5] 陈绍辉,王岩. 中国社会思潮研究的科学知识图谱分析——基于CiteSpace和Vosviewer的综合应用[J]. 上海交通大学学报(哲学社会科学版),2018,26(6):22-30.

[6] 李杰,陈超美. CiteSpace科技文本挖掘及可视化[M]. 北京:首都经济贸易大学出版社,2016.

[7] Bahar D. Diasporas and economic development: a review of the evidence and policy[J]. Comparative Economic Studies: A journal of the Association for Comparative Economic Studies, 2020,62(3):200-214.

[8] 周中林,彭绍宗. 战后区域经济集团化对世界经济的影响[J]. 经济研究参考,1999(B5):47.

[9] Xu Z, Cheng G, Chen D, et al. Economic diversity, development capacity and sustainable development of China[J]. Ecological Economics, 2002,40(3):369-378.

[10] Maciej D, Joanna W, Łukasz P. Economic determinants of low-carbon development in the visegrad group countries[J]. Energies, 2021,14(13):3823.

[11] Yuan X, Mu R, Zuo J, et al. Economic development, energy consumption, and air pollution: a critical assessment in China[J]. Human and Ecological Risk Assessment: An International Journal, 2015,21(3):781-798.

[12] Yue W, Fan P, Wei Y D, et al. Economic development, urban expansion, and

sustainable development in Shanghai[J]. Stochastic Environmental Research and Risk Assessment,2014,28(4):783-799.

[13] Syrett S, Sepulveda L. Urban governance and economic development in the diverse city[J]. European Urban and Regional Studies,2012,19(3):238-253.

[14] Sassi S, Goaied M. Financial development, ICT diffusion and economic growth: Lessons from MENA region[J]. Telecommunications Policy,2013,37(4-5):252-261.

[15] Ishida H. The effect of ICT development on economic growth and energy consumption in Japan[J]. Telematics and Informatics,2015,32(1):79-88.

[16] Peng B, Sheng X, Wei G. Does environmental protection promote economic development? From the perspective of coupling coordination between environmental protection and economic development[J]. Environmental Science and Pollution Research,2020,27(31):1-14.

[17] Chen L, Ye W, Huo C, et al. Environmental regulations, the industrial structure, and high-quality regional economic development: evidence from China[J]. Land,2020,9(12):517.

[18] David O O, Grobler W. Information and communication technology penetration level as an impetus for economic growth and development in Africa[J]. Economic Research-Ekonomska Istraživanja,2020,33(1):1394-1418.

[19] Myovella G, Karacuka M, Haucap J. Digitalization and economic growth: A comparative analysis of Sub-Saharan Africa and OECD economies[J]. Telecommunications Policy,2020,44(2):101856.

[20] 李玲. 制约中国经济发展的瓶颈因素及对策建议[J]. 统计与决策,2005(18):107-109.

[21] 张莉. 我国区域经济发展战略研究的回顾与展望[J]. 地理学与国土研究,1999(4):1-7.

[22] 邓海军. 构建我国循环经济发展模式的研究[J]. 四川师范大学学报(社会科学版),2005(5):40-44.

[23] 徐福留,赵珊珊,杜婷婷,等. 区域经济发展对生态环境压力的定量评价[J]. 中国人口·资源与环境,2004(4):32-38.

[24] 董锁成,李泽红,李斌,等. 中国资源型城市经济转型问题与战略探索[J]. 中国人口·资源与环境,2007(5):12-17.

[25] 任保平,张弦. 中国经济发展方式由需求管理向供给管理的转变[J]. 学习与探索,2013(5):104-109.

[26] 孙剑. 中国经济发展模式的演进与新模式的构建[J]. 理论学刊,2010(9):36-39.

[27] 徐承红. 低碳经济与中国经济发展之路[J]. 管理世界,2010(7):171-172.

[28] 丁兆庆. 加快推进中国实体经济发展研究[J]. 理论学刊,2013(9):39-43.

[29] 董杨. 海洋经济对我国沿海地区经济发展的带动效应评价研究[J]. 宏观经济研究,2016(11):161-166.

[30] 毛润泽. 中国区域旅游经济发展影响因素的实证分析[J]. 经济问题探索,2012(8):48-53.

[31] 鲁邦克,邢茂源,杨青龙. 中国经济高质量发展水平的测度与时空差异分析[J]. 统计与决策,2019,35(21):113-117.

[32] 郑耀群,葛星. 中国经济高质量发展水平的测度及其空间非均衡分析[J]. 统计与决策,2020,36(24):84-88.

[33] 朱彬. 中国经济高质量发展水平的综合测度[J]. 统计与决策,2020,36(15):9-13.

[34] 王伟. 中国经济高质量发展的测度与评估[J]. 华东经济管理,2020,34(6):1-9.

[35] 任保平,宋雪纯. 以新发展理念引领中国经济高质量发展的难点及实现路径[J]. 经济纵横,2020(6):45-54+2.

[36] 周明星. "五大发展理念"与"中国梦"内在联系探究[J]. 新疆社会科学,2018(2):16-22.

[37] 杨永芳,王秦. 我国生态环境保护与区域经济高质量发展协调性评价[J]. 工业技术经济,2020,39(11):69-74.

第三章

国内外科技创新与经济协调发展研究可视化分析

经济全球化的急速发展使得国际市场竞争空前加剧,科技自主、自立、自强已然成为国家核心竞争优势的重要来源。党的二十大报告强调了完善国家科技创新体系的重要性,认为打造具有全球竞争力的开放式创新生态是推进中国特色社会主义现代化建设进程的核心战略手段,打赢关键核心技术攻坚战是实现经济高质量发展的必由之路。国内外众多学者针对科技创新与经济协调发展关系做出研究,完善理论研究基础的同时丰富实践探索经验,此外部分学者基于研究发现结合区域特征提供有效的政策建议,对促进国家发展具有重要指导意义。为此,本书以 WOS 核心数据库、CNKI 核心数据库为文献检索平台,借助 CiteSpace 可视化软件,开展国内外科技创新与经济协调发展研究可视化分析。

3.1 研究方法与数据来源

CiteSpace 是一款基于科学计量分析发展起来的可视化软件,主要通过引文分析和共现分析揭示学科领域的研究热点轨迹以及未来关键前景[1]。基于 CiteSpace,通过文本挖掘,对领域发文作者和研究机构、关键词等重点信息绘制知识图谱[2],可视化展现 1992—2022 年国内外科技创新与经济协调发展领域研究热点和趋势。首先,在 WOS 中以"主题=technological innovation"and"主题=economic development"and"主题=coordination"进行 SSCI、SCI 期刊文献检索,获取 308 篇英文文献。其次,在 CNKI 中以"主题=科技创新"、"主题=经济发展或经济高质量发展"及"主题=协调"进行 CSSCI、CSCD 和北大核心期刊检索,获取 203 篇中文文献。删减不相关文献及会议报道等文章后,将中英文文献分别导入 CiteSpace 6.1.R6 中完成数据准备工作。在 CiteSpace 6.1.R6 可视化软件中,首先将时间切片设置为 1 年,依次绘制作者合作网络图谱和机构合作网络图谱,接着将时间切片设置为 6 年,依次绘制关键词共现网络图谱、关键词聚类图谱和关键词时间线图谱,以揭示国内外科技创新概念与经济协调发展领域的研究进展。

3.2 文献计量分析

3.2.1 发文量时间分布

对比1992—2022年科技创新与经济协调发展研究的WOS和CNKI的发文量可知,1992—2007年该领域处于萌芽期,WOS和CNKI年发文量均小于5,CNKI平均年发文量略高于WOS平均年发文量;2008—2016年该领域受到的学术关注度较前16年有所上升,WOS平均年发文量约为7,CNKI平均年发文量约为6,2008—2011年间CNKI年发文量仍高于WOS年发文量,但自2012年开始,WOS年发文量开始反超CNKI;2017—2022年该领域受到的学术关注度迅速增加,WOS平均年发文量约为35,远高于CNKI平均年发文量13,并于2021年达到峰值(见图3.1)。据WOS与CNKI近两年年发文量波动情况可知,未来该领域发展潜力巨大。

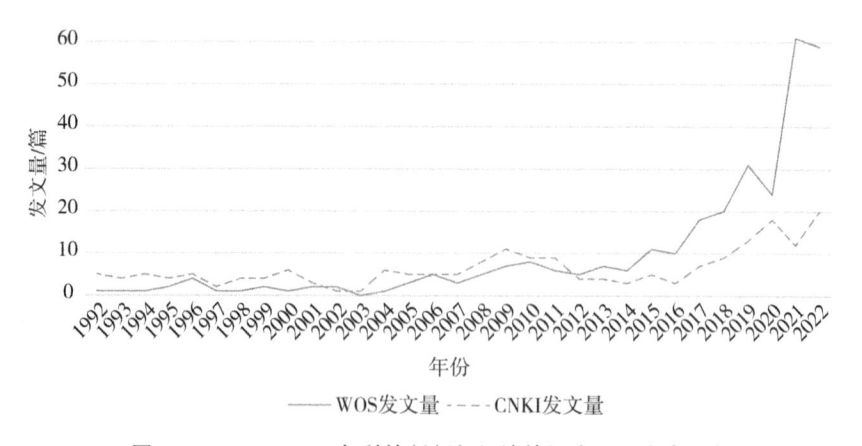

图3.1　1992—2022年科技创新与经济协调发展研究发文量

3.2.2 发文作者合作分析

通过分析作者发文量与最早发文时间,可识别该领域高产作者与领军人物组成的核心作者群体。图中节点字体的大小与作者发文的频次成正比,节点间的连线反映了作者间的合作关系,连线粗细与合作紧密程度呈正相关[3]。基于合作网络可视化图谱可知,科技创新与经济协调发展研究领域已形成了较为稳定的核心研究团队。WOS 中该研究领域作者分布呈现紧密聚集的特征,以发文量最多且涉及学者最多的 Xia Jun 团队为核心,同时还包括以下学者较少的合作团队:Lin Boqiang-Ma Ruiyang、Zhang Xuyao-Lu Chunping、Antikainen R-Saikku L、Chang Hao-Liu Ying、Jin Xue-Yin Kedong、Zheng Ziyan-Wang Litao-Zhu Yingming、Chavez H-Soto E-Garza A(见图 3.2)。据普莱斯定律[4],公式 $m = 0.749\sqrt{n_{\max}}$ 可用于界定领域核心作者,其中计算得出的 m 为领域核心作者的发文量下限,n 表示该领域发文最多学者的发文量,代入数据计算可得 WOS 科技创新与经济协调发展研究领域的核心作者最低发文量应为 2 篇。

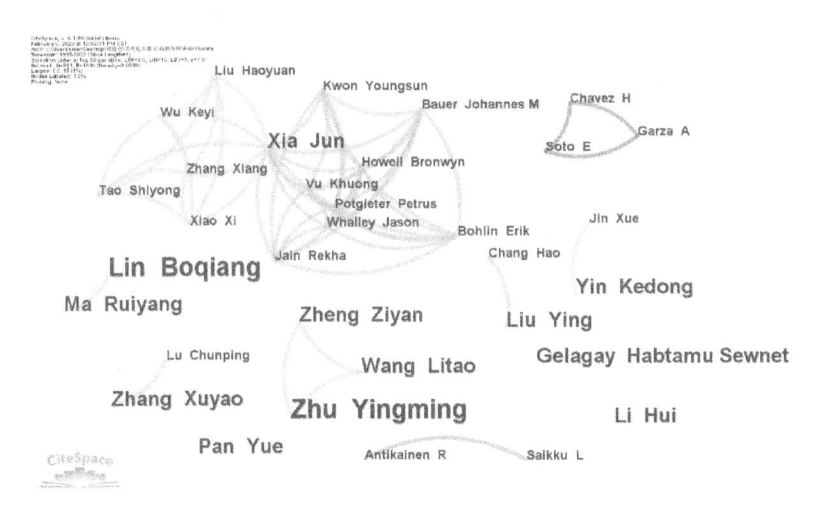

图 3.2　WOS 科技创新与经济协调发展研究作者合作网络图谱

CNKI 中该研究领域作者分布呈现"整体分散、局部聚集"的特征,包含高产作者李建民和两个核心学者合作团队——李桂君团队、曾伟团队。同时还有部分两人合作团队:郭可蒙-邹玮、李佳雯-郭彬、胡伟-谢泗薪、袁本涛-王传毅、刘东-贺舒显、朱洁西-李俊江、陈迅-石涛、陈才-于洋(见图 3.3)。同样根据普莱斯定律计算出,CNKI 科技创新与经济协调发展研究领域的核心作者最低发文量应为2篇。

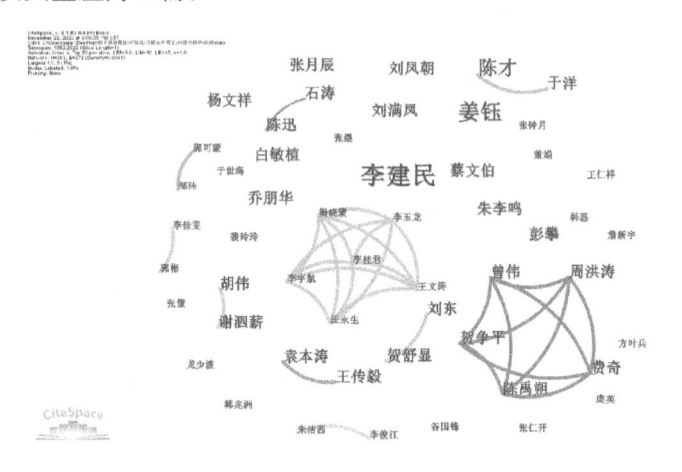

图 3.3　CNKI 科技创新与经济协调发展研究作者合作网络图谱

结合 WOS 与 CNKI 科技创新与经济协调发展研究领域的核心作者最低发文量标准，梳理文献得到发文量排名前 10 的领域核心作者群（见表 3.1）。普莱斯定律[4]指出，领域核心作者发文量合计应占领域总发文量的 50% 或以上，计算可知该领域 WOS 核心作者群体发文量共计 28 篇，占该领域总发文量的 9%，CNKI 核心作者群体发文量共计 58 篇，占该领域总发文量的 28.6%，均未能达到 50% 的标准，表明该研究领域尚未形成稳定的核心作者群体，未来亟需加强学者之间的学术成果交流，以提升领域影响力。

表 3.1　科技创新与经济协调发展研究核心作者群　　单位：篇

WOS		CNKI	
发文量	核心作者	发文量	核心作者
3	Zhu Yingming	5	李建民
3	Lin Boqiang	4	姜钰
2	Liu Ying	3	陈才
2	Li Hui	2	乔朋华
2	Gelagay Habtamu Sewnet	2	于洋
2	Wang Litao	2	刘东
2	Xia Jun	2	刘凤朝

续表

	WOS		CNKI
2	Zheng Ziyan	2	刘满凤
2	Zhang Xuyao	2	周洪涛
2	Ma Ruiyang	2	张月辰

3.2.3 发文机构合作分析

针对科技创新与经济协调发展研究,从区域来看,WOS 发文量排名前 10 的高校及研究机构地理分布以中国区域及俄罗斯区域为主,其中中国区域又以北京地区和南京地区为主,主要包括:Chinese Acad Sci(中国科学院)、Russian Academy of Sciences(RAS,俄罗斯科学院)、Wuhan Univ Technol(武汉科技大学)、North China Elect Power Univ(华北电力大学)、Ocean Univ China(中国海洋大学)、Xiamen Univ(厦门大学)、Nanjing Univ Sci & Technol(南京理工大学)、Beijing Univ Posts & Telecommun(北京邮电大学)、Nanjing Univ(南京大学)、Nanjing Univ Aeronaut & Astronaut(南京航天航空大学)。同时以中国科学院为中心,形成了少量合作密集的研究群体(见图 3.4)。

图 3.4 WOS 科技创新与经济协调发展机构合作网络图谱

从区域来看，CNKI发文量排名前10的高校及研究机构分布范围较广，并未集中在某片区域，主要包括：山东理工大学经济学院、东北林业大学经济管理学院、暨南大学经济学院、辽宁师范大学海洋经济与可持续发展研究中心、重庆大学经济与工商管理学院、东北师范大学地理科学学院、河海大学商学院、广东省技术经济研究发展中心、同济大学经济与管理学院、石河子大学经济与管理学院(见图3.5)。

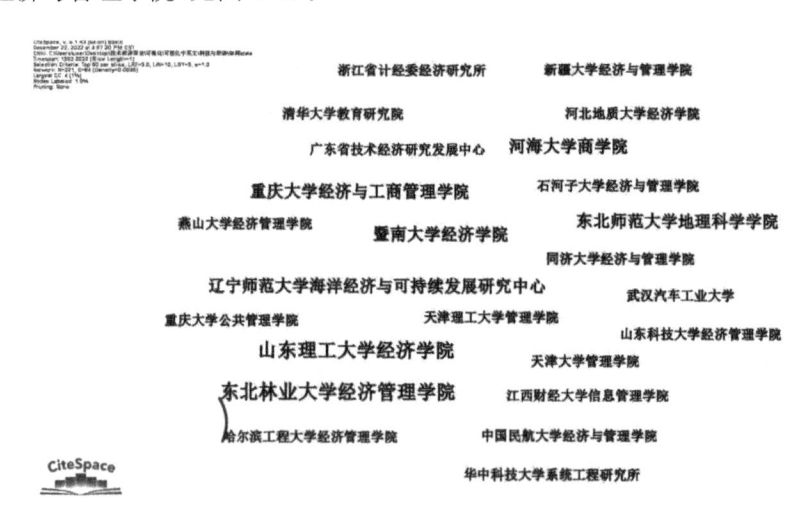

图3.5　CNKI科技创新与经济协调发展研究机构合作网络图谱

由图3.4及图3.5可知，该领域研究机构数目较多但分布较为分散，机构间缺乏紧密合作。其中，WOS中尚有以中国科学院为代表的科研团队，CNKI中目前则未能形成相关领域核心研究团队。未来该领域应加强高校与研究机构之间的学术交流，共享学术资源以促进领域发展。

同时，对比WOS和CNKI的高校和科研院所发文量可知(见表3.2)，WOS只有Chinese Acad Sci和Russian Academy of Sciences两所科研院所研究实力较强且更具竞争力，WOS和CNKI的高校研究实力均较强且更具竞争力。

表 3.2　科技创新与经济协调发展研究发文量排名前 10 的机构　　单位：篇

排序	WOS 研究机构	发文量	CNKI 研究机构	发文量
1	Chinese Acad Sci(中国科学院)	8	山东理工大学经济学院	4
2	Russian Academy of Sciences(俄罗斯科学院)	6	东北林业大学经济管理学院	4
3	Wuhan Univ Technol(武汉科技大学)	5	暨南大学经济学院	3
4	North China Elect Power Univ(华北电力大学)	5	辽宁师范大学海洋经济与可持续发展研究中心	3
5	Ocean Univ China(中国海洋大学)	4	重庆大学经济与工商管理学院	3
6	Xiamen Univ(厦门大学)	4	东北师范大学地理科学学院	3
7	Nanjing Univ Sci & Technol(南京理工大学)	4	河海大学商学院	3
8	Beijing Univ Posts & Telecommun(北京邮电大学)	3	广东省技术经济研究发展中心	2
9	Nanjing Univ(南京大学)	3	同济大学经济与管理学院	2
10	Nanjing Univ Aeronaut & Astronaut(南京航天航空大学)	3	石河子大学经济与管理学院	2

3.3　研究热点分析

3.3.1　关键词共现网络

通过分析关键词共现网络图谱可明确研究领域各阶段重点关键词之间的潜在联系。节点年轮的厚度及字体大小与该关键词出现频次成正比，连线粗细与关键词共现于同一篇文献的频次成正比，连线颜色与图谱上方的年份区间相对应[5]。运用 CiteSpace 绘制 WOS 关键词共现网络图谱，如图 3.6 所示，共生成 221 个节点，554 条连线，网络密度为 0.025。由图 3.6 可知，1992—2022 年 WOS 该领域研究的热点关键词为 technological innovation (科技创新)、sustainable development(可持续发展)、economic development (经济发展)、policy(政策)、energy consumption(能源消耗)及 CO_2 emission

(二氧化碳排放)等。

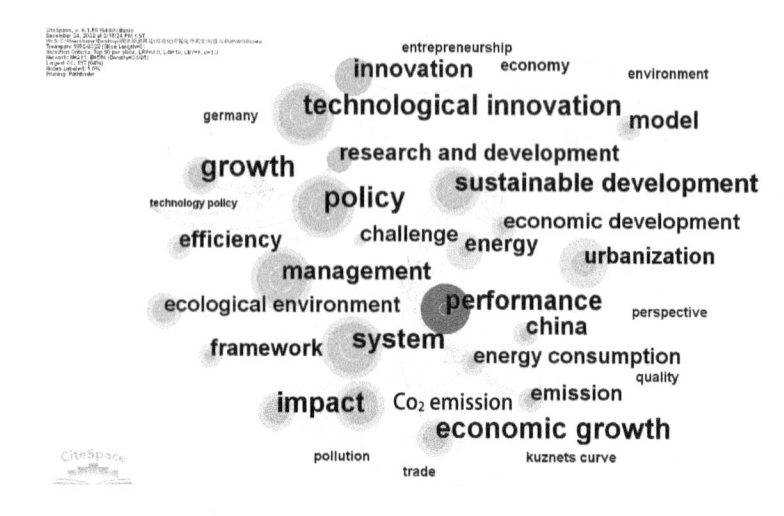

图 3.6　WOS 科技创新与经济协调发展研究关键词共现网络图谱

同样运用 CiteSpace 绘制 CNKI 关键词共现网络图谱,如图 3.7 所示,共生成 289 个节点,625 条连线,网络密度为 0.015。由图 3.7 可知,1992—2022 年 CNKI 该领域研究的热点关键词为耦合协调、生态环境、综合评价、京津冀、数字经济、时空演化及区域经济等。

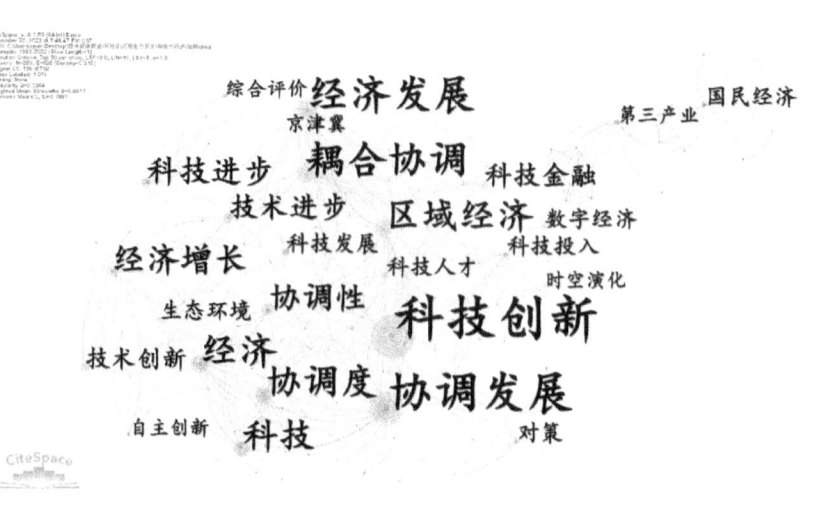

图 3.7　CNKI 科技创新与经济协调发展研究关键词共现网络图谱

整理高频关键词,分别针对 WOS 和 CNKI 选取频次排名前 20 的关键词,如表 3.3 所示。WOS 重点关键词有:economic growth、policy、technological innovation、system、performance、sustainable development、model、energy、efficiency、research and development、framework、urbanization、CO_2 emission 等。CNKI 重点关键词有:耦合协调、区域经济、科技金融、数字经济、国民经济、科技人才等。对比分析可知 WOS 科技创新与经济协调发展研究领域中,协调发展的综合评价研究、经济发展与科技进步背景下环境问题及国家政策的研究、城市化发展进程中科技创新与经济协调发展研究等热点问题备受关注;CNKI 科技创新与经济协调发展研究领域中,科技与经济的耦合协调研究,科技创新背景下区域经济、数字经济及国民经济的发展研究,经济高质量发展进程中科技金融的发展研究,科技与经济融合发展进程中人才需求研究等热点问题备受关注。

表 3.3　科技创新与经济协调发展研究重点关键词对比

排序	WOS 重点关键词	频次	CNKI 重点关键词	频次
1	growth	20	科技创新	39
2	economic growth	19	协调发展	26
3	policy	19	经济发展	18
4	impact	17	耦合协调	17
5	technological innovation	17	经济	14
6	system	16	协调度	13
7	performance	14	区域经济	13
8	sustainable development	13	科技	12
9	management	12	经济增长	10
10	China	12	协调性	9
11	innovation	11	科技进步	8
12	model	11	技术进步	7
13	energy	10	科技金融	6
14	efficiency	10	技术创新	5
15	research and development	9	科技发展	4

续表

排序	WOS		CNKI	
	重点关键词	频次	重点关键词	频次
16	framework	9	数字经济	4
17	urbanization	9	国民经济	4
18	CO$_2$ emission	8	科技人才	4
19	challenge	8	协调	4

3.3.2 关键词聚类分析

以关键词共现网络图谱为基础，运用CiteSpace对检索文献进行聚类分析，分别得到WOS关键词聚类图和CNKI关键词聚类图，如图3.8及图3.9所示。聚类模块值(Modularity)与平均轮廓值(Silhouette)决定着聚类效果的好坏，聚类模块值大于0.3说明该聚类结构显著且边界清晰，平均轮廓值大于0.5说明该聚类结果合理，大于0.7说明该聚类结果是令人信服的[6]。据图3.8及图3.9可知，WOS该领域研究关键词聚类图谱的聚类模块值为0.8688，平均轮廓值为0.9173，CNKI该领域研究关键词聚类图谱的聚类模块值为0.7304，平均轮廓值为0.8811，聚类均结构显著且结果合理。聚类数字标签越小代表该聚类所包含的关键词越多，据图3.8及图3.9可知，WOS科技创新与经济协调发展研究热点关键词共分为7个聚类，主要包括："♯0 sustainable development(可持续发展)""♯1 Tobit model(回归模型)""♯2 transition policy(贸易政策)""♯3 economic development(经济发展)""♯4 economy(经济)""♯5 research and development(R&D研究与开发)""♯6 zero-waste(零废弃物)"。

CNKI科技创新与经济协调发展研究热点关键词共分为8个聚类，主要包括："♯0 耦合协调""♯1 经济""♯2 科技投入""♯3 技术创新""♯4 第三产业""♯5 协调度""♯6 协调""♯7 科技进步"。

结合高频关键词表格和聚类图谱，分析总结可知国内外科技创新与经济协调发展研究的热点集中在科技创新与经济发展的耦合协调关系、协调模型建立、生态效益、科技效益与经济效益等方面。

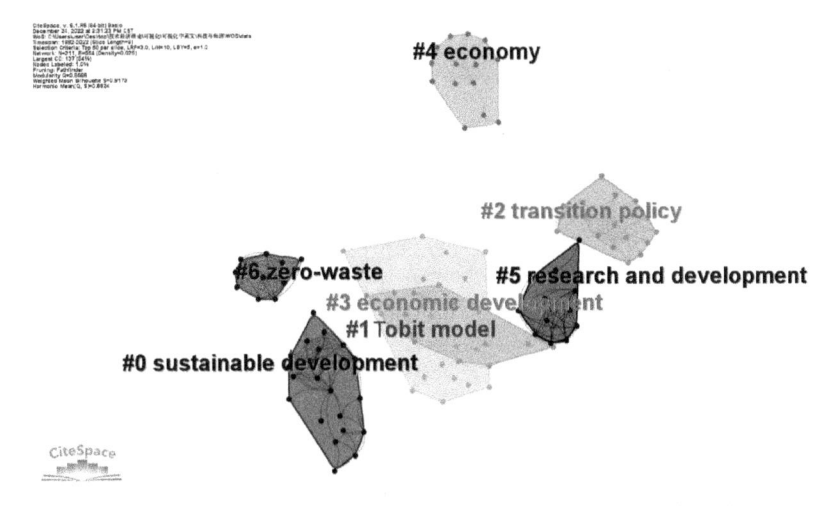

图 3.8　WOS 科技创新与经济协调发展研究关键词聚类图谱

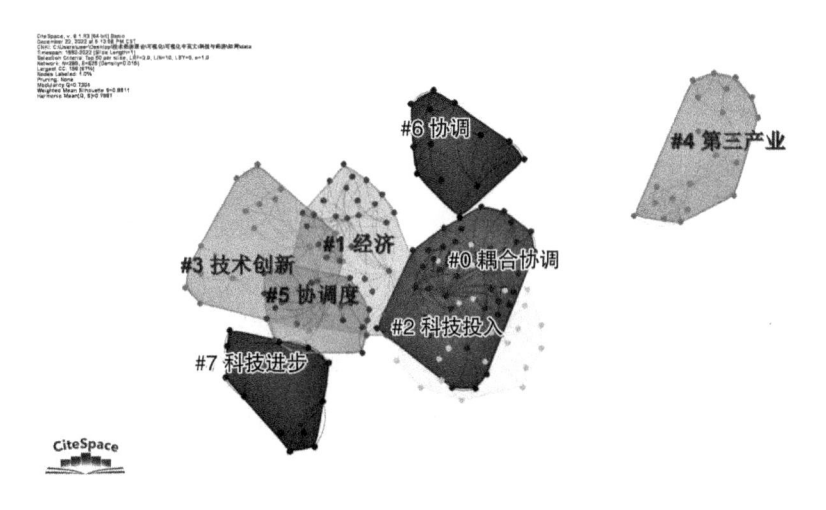

图 3.9　CNKI 科技创新与经济协调发展研究关键词聚类图谱

3.4　研究演化路径分析

以关键词共现图谱与关键词聚类分析为基础,可深入探讨国内外科技创新研究领域热点关键词的时间演变趋势。利用 CiteSpace 软件中的

"Timeline"功能,分别得到 WOS 和 CNKI 中科技创新与经济协调发展研究的关键词时间线图(见图 3.10 及图 3.11)。

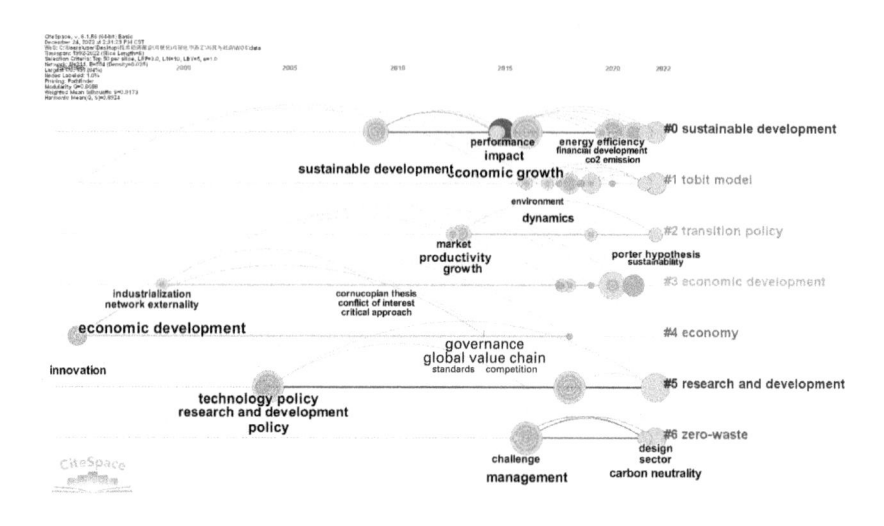

图 3.10　WOS 科技创新与经济协调发展研究关键词时间线图谱

据图 3.10 可知,WOS 科技创新与经济协调发展研究热点可分为如下三个阶段:

①萌芽期(1992—2005 年),该阶段的热点关键词为"industrialization(工业化)""network externality(网络外部性)""economic development(经济发展)""innovation(创新)""technology policy(科技政策)"等。由此可知,该阶段相关研究聚焦于经济发展与科技政策两大方面。Prybyla[7]提出技术创新是衡量经济发展现代化的主要指标,信息领域的技术进步是现代化的关键属性;Chataway[8]以社会动荡的中欧与东欧国家为例,研究经济政治环境不稳定的国家如何提升科技创新水平,从引入市场机制、政策体制变革、经济激励政策等方面探讨科技创新变革阻力;Justman 等[9]提出国家科技创新能力日益成为国际竞争优势的重要来源,要求政府出台新的科技政策以完善技术基础设施(TIP),通过研究传统 TIP 与高级 TIP 对于经济的作用模式得到制度创新与经济自由化同等重要的结论。此阶段学者研究多关注科技政策对国家科技体系建立与国家经济现代化发展的影响。

②发展期(2006—2015年),该阶段的热点关键词为"sustainable development(可持续发展)""productivity(生产率)""environment(环境)""global value chain(全球价值链)""conflict of interest(利益冲突)"等。由此可知,该阶段研究聚焦于保持经济增速同时坚持全球可持续发展战略。Cai[10]通过实证研究得出由第二产业区域特征决定的能源市场创新可对其他经济部门产生永久性的影响,能源效率与经济发展未能协调推进的现实要求政府及企业积极调整产业结构和技术创新,以实现经济与环境协调可持续发展;Costantini等[11]采用重力方程模型研究工业化国家环境政策对经济体系的不同影响,结果表明若不同能源环境政策间缺乏强有力的协调,则会抑制生态友好型能源技术的开发和传播;Wang等[12]研究发现控制城市碳排放量对于建立低碳生态发展模式至关重要,研究结果表明采用数字化城市管理模式解决城市管理信息孤岛问题是城市经济发展可持续化的关键路径。此阶段学者研究多关注经济迅速发展与生态环境保护之间的矛盾,并寻求科技创新路径以缓解经济发展带来的环境压力。

③成熟期(2016—2022年),该阶段的热点关键词为"energy efficiency(能源效率)""financial development(金融发展)""CO_2 emission(二氧化碳排放)""Porter hypothesis(波特假说)""sustainability(可持续性)""carbon neutrality(碳中和)"等。由此可知,该阶段研究聚焦于以环保理念为核心的能源效率、碳排放、环境规制等方面。Pan等[13]以中国30个省区市为例,基于超效率测度的数据包络分析(SBM-DEA)模型测算2007—2017年间的旅游碳排放效率,探究旅游碳排放、经济发展与区域创新的耦合协调度及影响耦合协调关系的关键因素;Zhu等[14]以中国31个省区市为例,采用三阶段数据包络分析模型估计我国能源密集型产业的碳排放效率,并结合空间自相关分析与回归模型深入探究能源密集型产业碳排放效率的时空演化趋势及关键影响因素,为国家能源科技创新政策制定提供具体指导;Wang等[15]以中国长江流域为例,采用随机前沿分析方法测度工业碳排放效率,研究结果表明工业低碳化技术创新是提高工业增加值与实现工业绿色可持续发展的有力手段。此阶段学者研究多关注能源效率、绿色技术创新与经济高质量发展三

者之间的协调关系。

总体来看，WOS科技创新与经济协调发展领域的研究热点自科技政策与经济发展间的适用性向以生态文明理念为核心指导思想的耦合协调研究转变，其中科技创新与经济协调发展的耦合关系又以能源效率、碳排放量及绿色技术创新为主要研究对象。

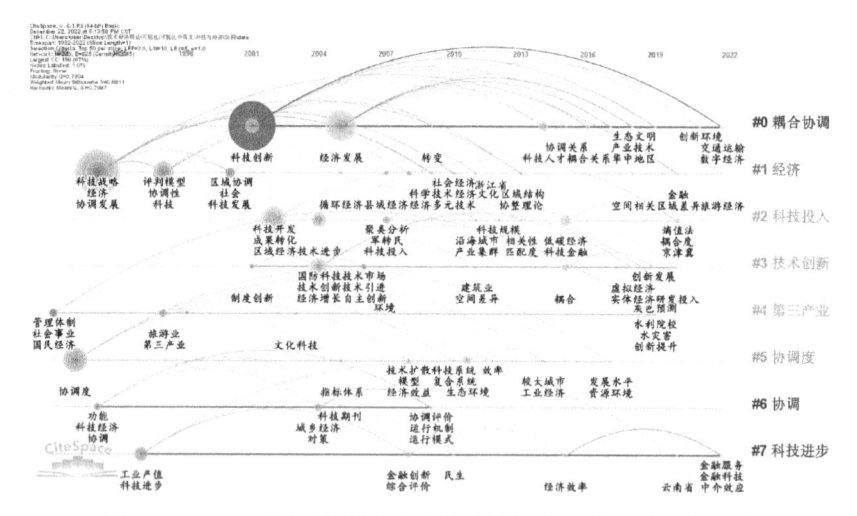

图3.11 CNKI科技创新与经济协调发展研究关键词时间线图谱

据图3.11可知，CNKI科技创新与经济协调发展研究热点可分为如下三个阶段：

①萌芽期(1992—2002年)，该阶段的热点关键词为"科技战略""协调发展""管理体制""科技经济""评判模型""区域协调""成果转化""区域经济技术进步""制度创新"等。由此可知，该阶段研究聚焦于区域科技创新与经济发展协调及其制度体系。张国宝[16]提出将高水平科研成果转化为生产力的第一要务是完善国家科技创新体制，重视技术创新的同时关注机制创新与制度创新；雷钦礼[17]构建了包含质量改进与产品创新的内生经济增长模型，模型推演发现两种类型的科技创新均能促进经济增长；徐建国[18]在新经济背景下提出我国科技创新五大途径，即国家科技创新体系建设是基础，高新技术产业培育、风险投资机制完善、创新人才培育、产业结构升级是关键路径。

②成长期(2003—2013年),该阶段的热点关键词为"循环经济""县域经济""社会经济""经济多元技术""技术引进""自主创新""文化科技""指标体系""技术扩散""复合系统""聚类分析""产业集群""沿海城市""经济文化""协整理论""空间差异""协调评价""指标体系""综合评价""运行机制""运行模式""金融创新""城乡经济""民生""环境"等。由此可知,该阶段研究聚焦于科技创新驱动经济发展多元化、经济高质量发展要求科技创新自主化、科技创新与经济协调发展综合评价、科技创新与经济协调发展的社会效益与生态效益。系统梳理2003—2013年间的重点文献,结合研究热点问题进行归纳总结,可知此阶段关于科技创新与经济发展相互作用机制的定性研究较多,关于量化界定科技创新与经济发展协调关系的定量研究较少。代表性定性研究如下:王莹[19]通过研究我国科技创新体系建设存在的问题、科技创新体系与地方经济发展的关系,提出科技创新与地方经济联动发展的具体建议;李蓉等[20]通过探究科技创新体系如何推动经济发展方式的转型升级,为地方政府及企业提升自我主体创新能力建言献策;杨雯等[21]以山东半岛为例研究科技创新对区域经济发展的作用并总结了实现路径。代表性定量研究如下:张斌等[22]基于1998—2005年中国31个省区市的面板数据,选取区域生产总值为因变量,设定自变量为区域固定资产投资额、区域城乡就业人口数、区域R&D经费支出、区域技术市场成交金额,构建超越对数函数进行实证研究,研究表明R&D投入对经济发展的促进作用显著小于区域技术市场成交金额对于经济发展的促进作用;王元地等[23]选取专利申请量作为衡量区域科技创新产出成果的指标,同时从投入和产出两大角度选取宏观经济指标,通过回归模型的建立探究科技投入与专利产出、专利产出与国民经济增长间的相关性。

③发展期(2014—2022年),该阶段的热点关键词为"耦合关系""协调关系""科技人才""生态文明""创新环境""数字经济""旅游经济""熵值法""京津冀""虚拟经济""低碳经济""工业经济""实体经济""经济效率""灰色预测""水利院校""中介效应""金融科技"等。由此可知该阶段研究聚焦于高新技术背景下经济多元化发展、科技创新与经济发展耦合协调关系、金融行业科

技创新与企业绩效。系统梳理2014—2022年间的重点文献,结合研究热点问题进行归纳总结,可知此阶段内定量实证研究较多,其中从研究内容看,重点集中于科技创新与区域经济发展关联评价[24-27]、科技创新-经济发展-生态环境耦合协调关系[28,29]、科技创新与数字经济发展协调评价[30,31]、科技创新对于实体经济发展的促进作用[32,33]、科技创新与农业经济协调发展研究[34]等;从研究区域看,多数学者选择中国31个省区市作为研究样本[35-37],部分学者选择以长江经济带[38-40]为代表的重大国家战略发展区域和以京津冀[41,42]为代表的重要经济圈作为研究样本;从研究方法看,多数学者[32,33]结合回归模型与动态面板模型研究科技创新与经济协调发展的时空分异特征,部分学者[43]结合耦合协调度模型、预测模型及回归模型探究区域未来发展趋势的同时提出政策建议。

总体来看,CNKI科技创新与经济协调发展领域的研究热点自科技创新与经济协调发展的定性研究向在生态文明理念指导下的科技创新与经济协调发展定量研究转变。

对比WOS与CNKI科技创新与经济协调发展研究演化脉络可知,在生态环境保护视角下研究科技创新提升能源效益、减少碳排放量的同时兼顾经济效益成为WOS该领域近年来的研究热点,在生态文明理念指导下的科技创新与经济协调发展定量研究成为CNKI该领域近年来的研究热点。据此可知,科技与经济迅速发展的进程中,生态环境可持续发展的问题已经成为全球各国亟待解决的热点问题。

3.5 结论

针对国内外科技创新与经济协调发展研究,通过CiteSpace可视化软件分别对1992—2022年WOS核心数据库收录的308篇英文文献和CNKI核心数据库收录的203篇中文文献进行科学计量分析,系统梳理该研究领域的文献计量特征与研究热点分布,得出以下结论:①从发文量来看,该领域发文量整体呈现波动上升趋势,其中2016年前呈缓慢波动增长趋势,2017年开始呈剧烈波动增长趋势；②从发文作者和研究机构来看，领域学者间已形成核心合作团队，研究机构之间尚未形成稳定合作团体；③从热点关键词表格及聚类来看，该领域研究热点主要集中在科技创新与经济发展的耦合协调关系、协调模型建立、生态效益、科技效益与经济效益等方面；④从研究演化路径来看，"碳排放量""能源效率""可持续发展""生态环境""经济效益"等关键词备受关注，未来该领域学者们将以生态文明理念为指导，不断深化拓展以上热点研究。通过系统梳理国内外科技创新与经济协调发展研究热点的演化脉络，可推动学术界深入拓展研究科技创新与经济协调发展领域研究。

参考文献

[1] Chen C. CiteSpace Ⅱ: Detecting and visualizing emerging trends and transient patterns in scientific literature[J]. Journal of the American Society for Information Science and Technology, 2005, 57(3): 359-377.

[2] Chen C. Searching for intellectual turning points: progressive knowledge domain visualization. [J]. Proceedings of the National Academy of Sciences of the United States of America, 2004, 101 Suppl 1: 5303-5310.

[3] Chen C, Ibekwe-SanJuan F, Hou J. The structure and dynamics of cocitation clusters: A multiple-perspective cocitation analysis[J]. Journal of the American Society for Information Science and Technology, 2010, 61(7): 1386-1409.

[4] 丁学东. 文献计量学基础[M]. 北京: 北京大学出版社, 1993.

[5] 赵蓉英, 许丽敏. 文献计量学发展演进与研究前沿的知识图谱探析[J]. 中国图书馆学报, 2010, 36(5): 60-68.

[6] 陈悦, 陈超美, 刘则渊, 等. CiteSpace知识图谱的方法论功能[J]. 科学学研究, 2015, 33(2): 242-253.

[7] Prybyla J. Modernization and modernity in the process of economic-growth and development[J]. Paper, 1995, 31(4): 1-27.

[8] Chataway J. Technology transfer and the restructuring of science and technology in central and eastern Europe[J]. 1999, 9(6-7): 355-364.

[9] Justman M, Teubal M. Technological infrastructure policy (TIP): Creating capabilities and building markets[J]. Research Policy, 1995,24(2):259-281.

[10] Cai D. Energy efficiency, energy infrastructure and sustainable development in North-East China[C]//2009 International Conference on Sustainable Power Generation and Supply. 2009,1-4:2183-2189.

[11] Costantini V, Crespi F. Public policies for a sustainable energy sector: regulation, diversity and fostering of innovation[J]. Journal of Evolutionary Economics, 2013, 23(2):401-429.

[12] Wang K, Cao D. 2010 6th international conference on wireless communications networking and mobile computing (wicom)[C]. 2010.

[13] Pan Y, Weng G, Li C, et al. Coupling coordination and influencing factors among tourism carbon emission, tourism economic and tourism innovation[J]. International Journal of Environmental Research and Public Health, 2021, 18(4):1601.

[14] Zhu R, Zhao R, Sun J, et al. Temporospatial pattern of carbon emission efficiency of China's energy-intensive industries and its policy implications[J]. Journal of Cleaner Production, 2021,286, 125507.

[15] Wang J, Sun K, Ni J, et al. Evaluation and factor analysis of industrial carbon emission efficiency based on "green-technology efficiency"—the case of Yangtze River Basin, China[J]. Land, 2021,10(12):1408.

[16] 张国宝. 以科技创新为动力推动工业经济发展[J]. 管理世界, 2002(10):1-2.

[17] 雷钦礼. 包含两类科技创新的内生经济增长模型研究[J]. 山西财经大学学报, 2001,23(4):18-23.

[18] 徐建国. 论新经济背景下的科技创新途径[J]. 中国科技论坛, 2000(5):29-32.

[19] 王莹. 科技创新体系建设对地方经济发展的影响[J]. 兰州学刊, 2013(11):223-224.

[20] 李蓉, 田军谊. 依托科技创新转变天府新区经济发展方式[J]. 西南民族大学学报(人文社会科学版), 2013,34(9):129-132.

[21] 杨雯, 王杰. 科技创新推进区域经济发展的作用与路径分析[J]. 毛泽东邓小平理论研究, 2012(10):20-23.

[22] 张斌,方健雯,朱学新. 科技创新和技术转化的互动及其对经济发展的影响——基于超越对数模型的实证研究[J]. 科技管理研究,2007(9):109-111.

[23] 王元地,刘凤朝,潘雄峰. 区域科技创新产出宏观经济分析——以大连的科技产出和经济发展为例[J]. 科技管理研究,2004(4):46-48.

[24] 李治国. 区域经济顶点城市科技创新与经济发展互动研究——以黄河三角洲为例[J]. 科技管理研究,2014,34(4):97-101.

[25] 陈德余,汤勇刚,张绍合. 产业结构转型升级、金融科技创新与区域经济发展实证分析[J]. 科技管理研究,2018,38(15):105-110.

[26] 郭国峰,高一帆,张颖颖. 基于纵横向拉开档次法的区域经济发展能力综合评价研究——以我国中部六省科技创新能力为例[J]. 征信,2020,38(8):18-22.

[27] 谢忠局,马亚东,杨正东. 中国高校科技创新对区域经济发展的影响效应研究——基于空间溢出效应视角的分析[J]. 价格理论与实践,2021(4):165-168.

[28] 段新,戴胜利,廖凯诚. 区域科技创新、经济发展与生态环境的协调发展研究——基于省级面板数据的实证分析[J]. 科技管理研究,2020,40(1):89-100.

[29] 黄仁全,董娟. 陕西省经济发展、科技创新与生态环境的耦合协调发展研究[J]. 运筹与管理,2022,31(10):161-168.

[30] 刘志坚. 数字经济发展、科技创新与出口技术复杂度[J]. 统计与决策,2021,37(17):29-34.

[31] 韩骞,王子晨. 国家数字经济创新发展试验区科技创新与数字经济发展关联评价研究[J]. 科学管理研究,2022,40(1):74-78.

[32] 田秀娟,李睿,杨戈. 金融科技促进实体经济发展的影响——基于金融创新和科技创新双路径的实证分析[J]. 广东社会科学,2021(5):5-15.

[33] 汪发元,张东晴. 科技创新、工业集聚与实体经济发展——基于安徽省16个城市2010—2020年数据的实证分析[J]. 重庆社会科学,2022(9):103-116.

[34] 黄龙俊江,刘玲玉,肖慧,等. 农业科技创新、农业技术效率与农业经济发展——基于向量自回归(VAR)模型的实证分析[J]. 科技管理研究,2021,41(12):107-113.

[35] 庞瑞芝,范玉,李扬. 中国科技创新支撑经济发展了吗?[J]. 数量经济技术经济研究,2014,31(10):37-52.

[36] 杨武,杨淼. 中国科技创新与经济发展耦合协调度模型[J]. 中国科技论坛,2016

(3):30-35.

[37] 李琳,曾伟平. 中国科技创新与经济发展耦合协调的空间异质性研究[J]. 华东经济管理,2019,33(10):12-19.

[38] 何风琴,邹奥博. 长江经济带的经济发展促进了区域科技创新吗?[J]. 江西社会科学,2019,39(1):77-84.

[39] 黄寰,王玮,尹涛涛. 科技创新、环境规制与经济发展的空间效应研究——以长江经济带为例[J]. 华中师范大学学报(自然科学版),2020,54(4):567-575.

[40] 李向荣,朱少英,刘东阳. 长江经济带科技创新效率和科技创新支撑下的经济发展效率测度分析[J]. 重庆大学学报(社会科学版),2021,27(1):65-76.

[41] 秦响应,李俊强. 京津冀协同下保定市科技创新对县域经济发展影响研究[J]. 经济研究参考,2016(26):30-35.

[42] 谢泗薪,胡伟. 区域科技创新水平与经济发展质量协调性评价研究——基于京津冀经济圈科技及经济发展质量数据的实证分析[J]. 价格理论与实践,2020(4):164-167.

[43] 蔡文伯,赵志强,禹雪. 成渝地区双城经济圈高等教育-科技创新-经济发展动态耦合协同研究[J]. 西南大学学报(社会科学版),2022,48(1):130-143.

第四章

国内外生态环境与经济协调发展研究可视化分析

工业革命后世界经济极速扩张的同时，生态环境也在急剧恶化。国外学者率先对生态环境与经济发展之间的关系展开研究，在理论与实证研究领域均取得了丰富的学术成果，以资源稀缺论及环境库兹涅茨曲线为代表。我国自提出可持续发展目标以来，深入贯彻落实科学发展观，积极推进经济高质量发展进程。党的二十大提出绿色发展是人与自然和谐共生的必由之路，经济发展应协同推进降碳、减污、扩绿、增长。实现可持续发展的关键在于协调好生态环境与经济发展之间的矛盾，而可持续发展的实现对建设美丽中国具有重要的现实意义。为此，收集WOS核心数据库的300篇英文文献与CNKI核心数据库的255篇中文文献，通过CiteSpace可视化软件绘制重要知识图谱，据此系统梳理相关文献，深入探究国内外生态环境与经济协调发展领域的知识基础及研究热点演化趋势。

4.1 研究方法与数据来源

CiteSpace是在数据挖掘技术和信息可视化背景下发展的可视化软件，通过将文献之间的关系以科学知识图谱的方式展现出来。CiteSpace软件主要从文献年度发文量、主要作者、主要发文机构、关键词和关键词聚类5个维度出发，生成共现网络、关键词聚类和关键词时间线图等知识图谱，直观呈现国内外生态环境与经济协调发展的研究热点和趋势。

研究数据来源于WOS及CNKI数据平台。将时间设定为1992—2021年。在WOS核心数据库中，以"ecological environment"和"economic development"为篇名，"coordination"为主题词检索文献。为保证文献的有效性，将来源期刊限定为SCI、SSCI、CPCI、EI，共计得到英文文献300篇。将文献以纯文本格式导出，运用CiteSpace 6.1.R6处理该文献数据，用于绘制相关知识图谱。在CNKI核心数据库中，以"生态环境"和"经济"为篇名，"协调"为主题词检索文献。考虑到文献的有效性，选取来源期刊为北大核心、中文社会科学引文索引（CSSCI），共检索到中文文献255篇。将文献以RefWorks格式导出，运用CiteSpace对数据进行转化处理，用于绘制知识图谱。

4.2 文献计量分析

4.2.1 发文量时间分布

通过研究文献产出数量随着时间变化的波动趋势,可以帮助研究者了解该学科领域的研究进展和受关注程度。

据图4.1观察WOS生态环境与经济协调发展研究文献时间分布可知,1992—2007年,WOS该领域研究受关注程度较低,相关发文量较少,16年共计发文6篇,年均发文量小于1;2008—2018年,WOS该领域研究受关注程度逐渐提升,11年共计发文111篇,年均发文量为10,究其原因为2008年全球金融危机产生后世界各国为摆脱困境振兴经济而转变经济发展理念,受现实环境与国家政策影响,学术界将研究重心转移至经济发展与环保等其他相关领域的协调发展,以促进经济长期稳定;2019—2021年,WOS该领域研究的关注度呈爆发式增长,3年共计发文183篇,年均发文量为61,当年发文量均比上年发文量翻了一番,2019年联合国环境大会提出全球亟需在合作应对严峻环境挑战的同时实现可持续消费与生产,近年来低碳环保与绿色可持续理念已然成为社会共识。

据图4.1观察CNKI生态环境与经济协调发展研究文献时间分布可知,1992—2003年,CNKI该领域研究文献数量较少,年发文量以个位数呈现波动变化;2004—2013年,随着国家政府部门和学术界对该领域研究的密切关注,发文量增加速度明显,2014年达到最高发文量24篇;2014—2021年,CNKI该领域研究文献年均发文量为20篇左右,但文献数量有升有降,这与近几年低碳环保与绿色发展理念受到社会关注有关。

此外,据图4.1可知2009年之前CNKI该领域研究发文量一直略高于WOS该领域发文量,2010年开始,WOS该领域研究发文量逐渐反超CNKI,并在2019—2020年间远远高于CNKI。

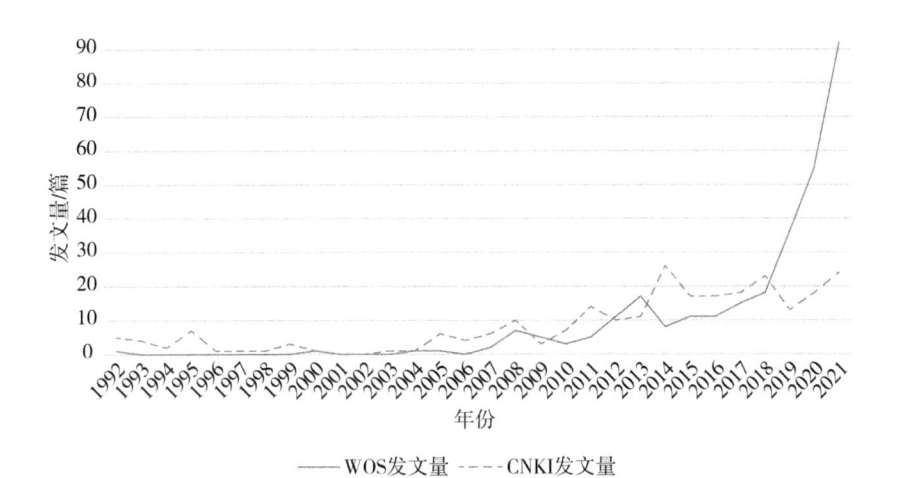

图 4.1　1992—2021 年生态环境与经济协调发展研究发文量

4.2.2　发文作者合作分析

通过 CiteSpace 对检索的文献绘制作者共现网络图谱，可以发现该领域学术交流中贡献较大和地位影响较高的研究学者，并通过观察研究学者之间连线的颜色深浅和粗细程度了解研究学者之间合作的紧密程度。通过作者共现网络共现分析，结合普莱斯定律分析该研究领域的核心作者以及作者的合作情况，如图 4.2 及图 4.3 所示。

作者合作网络图谱中，节点数 N 代表检索文献的总计发文作者数量，连线数 E 代表作者之间的合作次数，密度 D 代表学者之间的合作网络密度。

据图 4.2 可知，节点数 $N=941$，连线数 $E=1\ 634$，作者合作网络密度 $D=0.003\ 7$，说明整体而言 WOS 该领域学者合作并不紧密。从合作关系来看，大多数学者处于独立研究阶段，部分学者联系较为紧密，形成了独立的合作团队，其中多数合作团队为 2~3 人，少部分合作团队人数较多。根据发文量与学术交流程度可确认以 Zhang Lihui 为核心的多学者合作团队、Shi Peiji-Liu Haimeng-Liu Hailong 三人合作团队及 Zhang Wei-Zhou Qian 两人合作团队为该领域的重要学者团体。

据图 4.3 可知，节点数 $N=386$，连线 $E=277$，作者合作网络密度 $D=0.003\ 7$。

图 4.2　WOS 生态环境与经济协调发展研究作者合作网络图谱

从合作关系来看,零散点的学者处于独自研究阶段;部分学者之间开展 1～2 次的合作;还有一些学者之间已经形成研究的小团体,以王成璋、余凤鸣、刘卫东、李苪、沈明为核心的研究团体保持较强的合作关系。

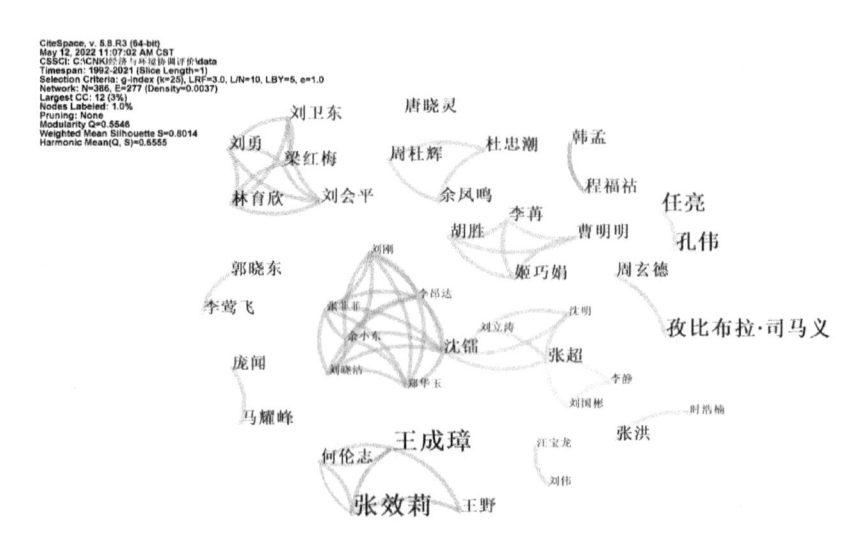

图 4.3　CNKI 生态环境与经济协调发展研究作者合作网络图谱

依据普莱斯公式 $N = 0.749^* (N_{max})^{1/2}$ 可确定领域核心作者群,其中 N_{max} 指领域最高产作者发文量,N 为核心作者的发文量下限,针对 WOS 与 CNKI 分别计算得出 $N_{WOS} = 1.26$,$N_{CNKI} = 1.49$,即发文 2 篇及以上的作者可称为该研究领域的核心作者,WOS 共计 37 人,排名前 10 位的核心作者如表 4.1 所示,CNKI 共计 41 人,排名前 10 位的核心作者如表 4.2 所示。

经统计,WOS 该研究领域 37 位核心作者发文量总计 80 篇,占检索文献总数量的 26.67%,CNKI 该领域 41 位核心作者的文献发文量总计 87 篇,占检索文献总数量的 34.11%。当核心作者发文量占比高于 50% 时,则认定该领域学术交流中形成了学科高产作业群[1]。由此可得目前该研究领域仍处于初步发展阶段,尚未完全形成高产作者群。

据表 4.1 并结合文献梳理可知,Zhang Wei、Zhang Fei、Zhang Lihui、Shi Peiji 和 Muhadaisi Ariken 等学者发文量均为 3 篇,说明以上作者在该领域学术影响力较高。此外,Zhang Hao、Shi Peiji 和 Zhang Wei 较早进入该领域,主要探究了生态环境与经济协调发展视角下城市治理及土地规划相关问题[2-4];Zhang Lihui 和 Yang Wenfeng 较晚进入该领域,分别对能源效率如何影响生态环境与经济协调发展[5, 6]、西藏资源环境承载力如何影响当地经济发展[7]展开研究;Zhang Fei、Muhadaisi Ariken、Vyshnevska O. 和 Ma Lin 近几年发文量较高,其中 Zhang Fei 与 Muhadaisi Ariken 合作密切,二者主要针对中国不同区域展开城镇化与生态环境耦合协调分析研究[8-10],Vyshnevska O. 立足于全球化的国际形势研究可持续发展的全球性策略[11, 12],Ma Lin 主要研究中国城市生态环境与经济协调发展格局构建[13, 14]。

表 4.1 WOS 生态环境与经济协调发展研究发文量排名前 10 的核心作者

排序	作者	发文量/篇	发文年份
1	Zhang Wei	3	2014
2	Zhang Fei	3	2020
3	Zhang Lihui	3	2016
4	Shi Peiji	3	2013
5	Muhadaisi Ariken	3	2020

续表

排序	作者	发文量/篇	发文年份
6	Zhang Hao	3	2008
7	Vyshnevska O.	2	2020
8	Yang Wenfeng	2	2016
9	Ma Lin	2	2020
10	Shao Chaofeng	2	2019

据表 4.2 且结合文献梳理可知,王成璋、张效莉、孜比布拉·司马义、孔伟和任亮等学者发文量均超过 3 篇,具有较高的学术影响力。此外,韩孟、王成璋和张效莉等学者较早进入该领域,并对该领域的理论模型展开研究;余凤鸣、胡胜和孜比布拉·司马义等学者较晚进入该领域,主要开展了陕西省和新疆维吾尔自治区的生态环境与经济协调发展的耦合研究;孔伟、任亮和唐晓灵等学者是近几年发文量较高的学者,主要研究构建京津冀地区生态环境与经济协调发展评价体系。

表 4.2　CNKI 生态环境与经济协调发展研究发文量排名前 10 的核心作者

排序	作者	发文量/篇	发文年份
1	王成璋	4	2005
2	张效莉	4	2005
3	孜比布拉·司马义	3	2013
4	孔伟	3	2016
5	任亮	3	2016
6	胡胜	2	2014
7	韩孟	2	1999
8	唐晓灵	2	2020
9	余凤鸣	2	2011
10	刘卫东	2	2008

4.2.3　发文机构合作分析

运用 CiteSpace 绘制该领域研究的主要研究机构知识图谱,观察各研究机构在该领域的文献产出情况,反映研究机构的科研实力,如图 4.4 及图 4.5 所示。

据图 4.4 可知,总体而言 WOS 该领域研究机构呈现出"大分散、小聚集"的特征,多数机构独立展开研究,少部分机构联系较为紧密,形成了以中国科学院为中心的核心合作团队。

图 4.4　WOS 生态环境与经济协调发展研究机构合作网络图谱

据图 4.5 可知,CNKI 该领域各研究机构开展独立研究,机构之间未深入展开合作研究,尚未形成较为凝聚的研究力量。

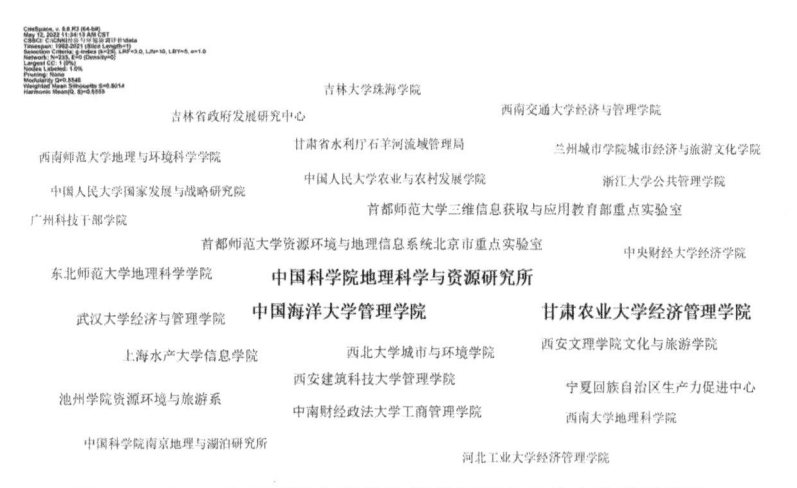

图 4.5　CNKI 生态环境与经济协调发展研究机构合作网络图谱

同时，分别筛选出发文量排名前10的机构制成表格进行分析（见表4.3及表4.4），WOS生态环境与经济协调发展领域中发文量排名前10的机构共发文141篇，占总发文量的47%；CNKI生态环境与经济协调发展领域中发文量排名前10的机构共发文23篇，占总发文量的9%。

据表4.3及图4.4可知，中国科学院和中国科学院大学发文量最高且存在紧密的合作关系。同时北京师范大学、中国地质大学也均以自我为中心形成了联系紧密的机构合作团体。总体来看，该领域的学术资源主要集中于高校，且国内高校之间合作较为紧密，国外高校大多独立研究。未来高校的学术资源需与专业科学研究院共享，推动专业机构在领域内的实践发展。环境与经济协调发展是全球性的重点课题，国内外各机构需要通力合作，集中学术研究力量，在解决共性问题的基础上结合具体国情进行研究，推动该研究领域的可持续性发展。

表4.3　WOS生态环境与经济协调发展研究发文量排名前10的机构

排序	机构	发文量/篇
1	Chinese Acad Sci（中国科学院）	47
2	Univ Chinese Acad Sci（中国科学院大学）	25
3	Beijing Normal Univ（北京师范大学）	13
4	China Univ Geosci（中国地质大学）	10
5	China Univ Min & Technol（中国矿业大学）	9
6	Hohai Univ（河海大学）	9
7	Nanjing Univ（南京大学）	7
8	Chongqing Univ（重庆大学）	7
9	Cent China Normal Univ（华中师范大学）	7
10	Nanjing Univ Finance & Econ（南京大学经济学院）	7

据表4.4及图4.5可知，中国海洋大学管理学院、甘肃农业大学经济管理学院和中国科学院地理科学与资源研究所的发文量较高，走在研究的前列。同时西北大学城市与环境学院与西安市城市规划设计研究院存在合作关系。总体来看，虽然高校与研究机构之间开展了一定的合作研究，但整体的合作密度低，开展合作的机构数量较少。未来各高校和研究机构之间需要积极开

展学术交流与资源共享,形成凝聚性的研究力量,推动该领域的可持续性发展。

表 4.4　CNKI 生态环境与经济协调发展研究发文量排名前 10 的机构

排序	机构	发文量/篇
1	中国海洋大学管理学院	3
2	甘肃农业大学经济管理学院	3
3	中国科学院地理科学与资源研究所	3
4	上海水产大学信息学院	2
5	东北师范大学地理科学学院	2
6	西北大学城市与环境学院	2
7	西南交通大学经济与管理学院	2
8	池州学院资源环境与旅游系	2
9	中南财经政法大学工商管理学院	2
10	武汉大学经济与管理学院	2

4.3　研究热点分析

4.3.1　关键词共现网络

分析关键词共现网络图谱可帮助了解各概念词之间存在的潜在的联系。运用 CiteSpace 处理检索文献数据并绘制关键词共现图谱,如图 4.6 及图 4.7 所示。

据图 4.6 可知,共生成 387 个节点,1 192 条连线,网络密度为 0.016。1992—2021 年 WOS 该研究的热点关键词为"ecosystem service""model""urbanization""ecological environment""sustainable development""system""impact""management""environment"等。

以关键词出现频次大小作为排序依据,选取出现频次排名在前 20 的关键词,如表 4.5 所示。分析表 4.5 可以看出,WOS 该研究领域中,环境与经济的关系研究、生态环境与经济发展耦合系统与模型建立研究、生态环境与经济

图 4.6　WOS 生态环境与经济协调发展研究关键词共现网络图谱

发展的耦合度研究、城市化对于经济与环境协调发展的影响研究等热点问题备受关注。

表 4.5　WOS 生态环境与经济协调发展研究高频关键词

排序	关键词	出现频次	年份
1	model	59	2014
2	urbanization	55	2015
3	ecological environment	46	2015
4	sustainable development	43	2008
5	system	42	2012
6	impact	38	2008
7	management	36	2007
8	environment	33	2008
9	ecosystem service	32	2007
10	China	31	2014
11	growth	28	2011
12	energy	28	2016
13	economic growth	27	2014
14	sustainability	26	2012

续表

排序	关键词	出现频次	年份
15	city	24	2016
16	economic development	24	2015
17	eco environment	24	2015
18	indicator	23	2015
19	policy	21	2015
20	coupling coordination degree	21	2016

据图4.7可知,共生成261个节点,631条连线,网络密度为0.018 6。1992—2021年CNKI该研究的热点关键词为"协调发展""旅游经济""耦合协调""区域经济""农业经济""协调度""区域差异""综合评价"等。

图4.7　CNKI生态环境与经济协调发展研究关键词共现网络图谱

以关键词出现频次大小作为排序依据,选取出现频次排名在前20的关键词,如表4.6所示。从表4.6可以看出,CNKI该研究领域中,生态环境与经济耦合协调度研究、生态环境影响下旅游经济与农业经济的发展研究、协调发展的综合评价研究备受关注。

表 4.6 CNKI 生态环境与经济协调发展研究的高频关键词

序号	关键词	出现频次	年份	序号	关键词	出现频次	年份
1	生态环境	135	1995	11	经济增长	14	2007
2	协调发展	55	1993	12	耦合关系	8	2008
3	经济发展	33	1997	13	熵值法	7	2011
4	旅游经济	30	2006	14	协调	6	2009
5	耦合协调	29	2014	15	耦合	6	2005
6	协调度	20	2005	16	农业经济	6	2013
7	经济	19	1995	17	旅游	5	2011
8	耦合度	18	2008	18	旅游产业	5	2015
9	区域经济	17	2006	19	区域差异	5	2014
10	社会经济	15	2007	20	综合评价	5	2008

4.3.2 关键词聚类分析

在关键词知识图谱的基础上,运用 CiteSpace 进行聚类分析,并得出关键词聚类图,如图 4.8 及图 4.9 所示。聚类模块值 Q 大于 0.3 说明聚类结果合理,平均轮廓值 S 大于 0.5 说明聚类结构清晰,据图 4.8 可知 WOS 该聚类图谱中聚类模块值 Q 为 0.791 7,平均轮廓值 S 为 0.936 2;据图 4.9 可知 CNKI 该聚类图谱中聚类模块值 Q 为 0.554 6,平均轮廓值 S 为 0.801 4。说明聚类结果均合理。

根据图 4.8,WOS 生态环境与经济协调发展研究主要包括 7 个关键词聚类:♯0 poverty(贫穷)、♯1 coupling coordination(耦合协调)、♯2 agro-ecological environment(农业生态环境)、♯3 Yellow River basin(黄河流域)、♯4 ecological environment(生态环境)、♯5 coupling coordination degree(耦合协调度)、♯6 closed-loop supply chain(闭环供应链)。导出分析数据可得关键词聚类表(见表 4.7),其中聚类♯0～♯6 的 S 值处于 0.849～0.964,均大于 0.7,说明聚类效果理想。

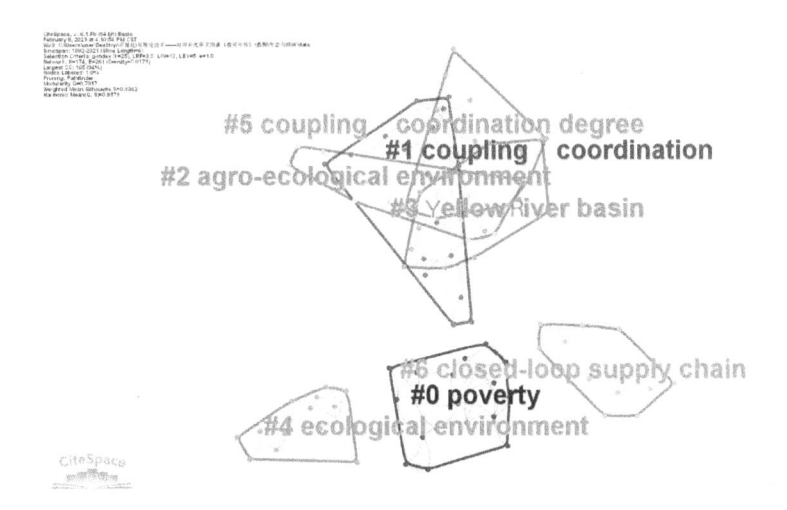

图 4.8　WOS 生态环境与经济协调发展研究关键词聚类图谱

表 4.7　WOS 生态环境与经济协调发展研究关键词聚类表

聚类	数量	S 值	年份	关键词
#0	19	0.904	2017	poverty、land use transition、rapid urbanization region、land ecological security evaluation、catastrophe theory
#1	19	0.964	2019	coupling coordination、integrated assessment、panel、innovation、middle route of the south-north water transfer project
#2	15	0.890	2018	agro-ecological environment、driving factors、agricultural economy、new urbanization、coastal reclamation
#3	14	0.849	2019	Yellow River Basin、improved CCD model、ecological view、multi-dimensional benefits、emergy analysis theory
#4	14	0.997	2015	ecological environment、economic development、sustainable development、carrying capacity、land use change
#5	13	0.955	2018	coupling coordination degree、indicator system、fuzzy comprehensive evaluation method、multisource rs data、data integration
#6	12	0.958	2019	closed-loop supply chain、utilization efficiency、development zoning、multiple uses、mangrove forests policies

结合高频关键词表格与关键词聚类图谱,分析可知 WOS 生态环境与经济协调发展研究的热点集中在生态环境与经济发展的耦合协调研究、模型建

立、系统评价、城市化研究、流域研究、农业生态效益等方面。

(1) 生态环境与经济发展的耦合协调研究

领域中大量权威性研究成果证实生态环境与经济发展之间存在相互依存、相互影响的耦合协调关系。通过研究生态环境与经济发展的耦合协调关系，可深入探究区域生态环境与经济发展耦合协调度低的原因，因地制宜对症下药以促进两者协调发展，从而推动经济高质量发展。重点研究内容主要聚焦于以下两大类：生态环境与经济发展相互作用机制的定性研究；针对耦合协调关系构建评价指标体系的定量研究。①关于定性研究：Jorgenson等[15]通过对比研究1960—2005年全球各国经济发展与生态环境脱钩指数的变动，分析全球化如何影响生态环境与经济发展的相互作用关系；Gao[16]研究生态环境保护视角下的经济政策，分析经济发展如何正向作用于生态保护，提出基于生态环境保护的经济政策——生态经济政策。②关于定量研究：Ke等[17]以黄河流域沿线36个城市为研究样本，构建经济发展与生态环境评价指标体系，采用回归模型计算指标值，分析影响耦合协调性与时空异质性的因素；Du[18]以秦皇岛港为研究样本，构建包括经济水平及生态环境两个分项指标体系在内的综合评价指标体系，计算其静态和动态协调发展度。

(2) 生态环境与经济发展的耦合模型建立和系统评价方法

当前 WOS 生态环境与经济协调发展领域的耦合度测量方法主要包括地理时空加权法[4]、变异系数[19]和弹性系数[20]法、灰色关联分析法[21]、系统动力方法[22]、可拓展的随机性的环境影响评估模型(STIRPAT)[23]、数据包络分析法[24]、模糊层次分析法[25]、结构方程模型法[26]等。Shao[27]基于信息时代的浪潮，构建了"互联网＋"开放平台下自然生态环境与经济发展效益评价模型；Wang等[28]以江西省11个地级市为例构建社会经济－生态－环境三维系统评价模型，评估区域生态环境的承载力；Shi等[4]采用地理时空加权回归模型探究中国17个热带、亚热带地区经济发展与生态环境的耦合协调性和时空异质性；Ke等[22]以武汉市为例，利用系统动力学构建生态环境与经济发展耦合协调系统的动态模型。

(3) 生态环境与经济协调发展视角下的城镇化与生态环境协同研究

实现区域可持续发展的有效助力是城镇化发展与生态环境的耦合协调。Yang 等[29]以重庆市为例,从时空角度选取合适指标,研究发现经济城镇化和绿化生态水平分别对城镇化系统和地质生态环境贡献最大;Ariken 等[8]利用多源遥感数据,采用耦合协调度模型对 2000—2018 年焉耆盆地城镇化与生态环境耦合协调关系进行综合评价;Wang 等[30]运用耦合协调度模型计算城镇化与生态环境复合系统的协调度值,研究影响京津冀城市群城镇化与生态环境协同效应的主要因素。

(4) 生态环境与经济协调发展视角下的流域研究

流域生态环境与经济发展的耦合协调关系是可持续发展研究的热点问题,将社会经济发展问题与水环境问题相结合,能准确且全面地反映流域动态特征、维系流域生态安全、指导流域综合开发。Zhao 等[31]以黄河流域为研究对象,基于经济、能源消耗、生态及水资源数据,构建黄河流域经济发展与生态状况指标体系,计算指标数据分析黄河流域经济发展与生态环境耦合协调度的时空演变趋势;Wang 等[32]构建复杂系统动力学模型,研究评价渭河流域社会经济发展与生态环境的动态变化。

(5) 生态环境与经济协调发展中农业生态研究

农业生态环境保护是实现农业经济可持续发展的重大战略任务,研究农业生态环境与经济发展的耦合协调关系对世界各国制定符合本国国情的农业经济可持续发展模式具有重要指导意义。Sun 等[33]比较研究了亚热带地区五种银杏农林复合系统的生态、经济及社会指标表现,发现实施可持续发展的农林业系统,可同时实现区域经济发展和环境保护;Cai 等[34]基于中国区域,研究新型城镇化发展与农业生态环境耦合协调关系的时空分异特征及主要影响因素。

根据图 4.9,CNKI 生态环境与经济协调发展研究主要包括 7 个关键词聚类:♯0 区域经济、♯1 经济发展、♯2 协调、♯3 旅游经济、♯4 黄河流域、♯5 协调发展、♯6 水资源。导出分析数据可得关键词聚类表(见表 4.8),其中聚类♯0—♯6 的 S 值处于 0.949~1,均大于 0.7,说明聚类效果理想。

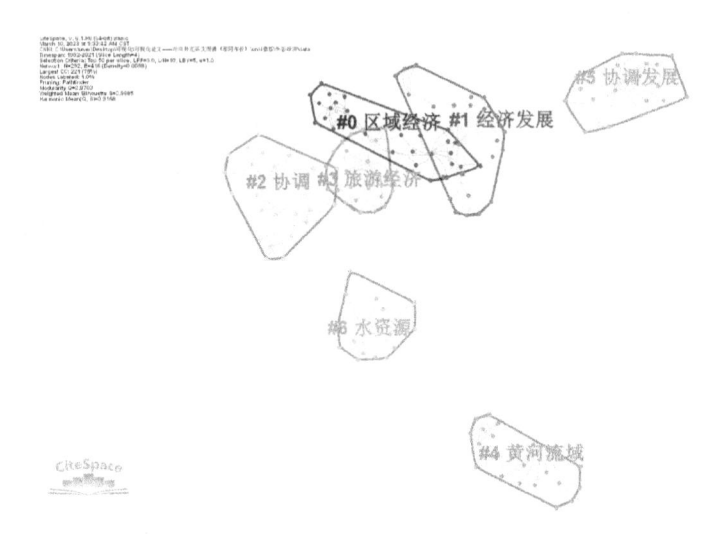

图 4.9　CNKI 生态环境与经济协调发展研究关键词聚类图谱

表 4.8　CNKI 生态环境与经济协调发展研究关键词聚类表

聚类	数量	S 值	年份	关键词
#0	28	0.966	2014	区域经济、综合评价、耦合模型、剪刀差、评价
#1	25	0.949	2012	熵值法、经济发展、西安市、主成分分析、灰色关联分析
#2	25	0.950	2011	广西、评价、耦合、方法测度、定西市
#3	24	1.000	2013	旅游经济、旅游、经济、协调发展度、生态环境
#4	21	1.000	2008	黄河流域、高质量发展、吉林省、有效途径、生态环境协调
#5	19	0.994	2009	耦合关系、模式选择、农村经济、县域经济、深圳市
#6	17	0.962	2011	水资源、社会经济、社会、西宁市、协调发展评价

结合检索文献中的高频关键词和聚类图谱,分析发现中国生态环境与经济协调发展研究的热点集中在生态环境与经济发展的耦合协调、方法测度、协调发展评价、生态效益与经济效益等方面。

(1) 生态环境与经济发展的耦合协调研究

学者们通过大量的研究证实了生态环境与经济发展之间相互影响、存在互为共生的耦合关系。研究主要从生态环境与经济发展相互影响作用机制开展定性研究,以及评价指标体系构建、耦合协调关系研究方法开展定量研究。其中研究对象多聚焦于经济发展较快的沿海地区或城市化水平高的城市群。唐晓灵等[35]实证研究了陕西省2008—2018年生态环境与经济发展耦合协调水平，并探讨了耦合协调发展的主要影响因素。吴艳霞等[36]采用耦合协调模型探讨了黄河流域省区的生态环境与经济发展的耦合协调发展态势和驱动因素。孙亚敏等[37]在遵守科学性、完整性和层级性的基础上，构建生态环境与经济发展的评价指标体系，采用耦合协调度模型研究安徽省2010—2019年不同区域的生态环境与经济的耦合协调度。通过对生态系统与经济系统的耦合协调的研究，促进环境经济协调可持续高质量发展。

(2) 生态环境与经济发展的方法测度与协调发展评价

当前中国生态环境与经济耦合协调的测度方法主要包括指数加成及计量分析法、变异系数和弹性系数法、模糊与灰色理论法、系统演化与系统动力方法、数据包络分析法、结构方程模型法等[38]。段长桂等[39]采用层次分析法、熵值法与基于离差平方和的组合赋权法，确定南京市经济与生态环境评价指标体系的各指标分配权重，并运用耦合协调度模型评价了南京市生态环境与经济发展之间耦合协调发展程度。张珍珍等[40]构建了经济-旅游-生态环境耦合发展评价指标体系，采用变异系数法和熵值法分别对指标进行权重计算，并选取平均值作为最终权重。丁磊等[41]构建了经济与生态环境耦合协调发展评价指标体系，并运用熵权法确定各指标的权重，再结合数据实证分析耦合协调度。

(3) 生态环境与经济协调发展中生态服务型经济的研究

生态服务型经济是在解决中国深度贫困地区贫困人口脱贫并平衡生态环境与经济发展的时代背景下发展起来的，为实现生态环境保护与脱贫致富双赢提供了新思路和新方案。目前生态服务型经济的研究多从背景、理论依据方面展开定性研究，缺乏运行机制理论的探索讨论。冯晓龙等[42]阐述了生态服务型经济的运行机制，并运用青海省三江源自然保护区的调查数据进行实证研究。

4.4　研究演化路径分析

运用CiteSpace绘制检索文献的关键词时间线图谱，反映国内外生态环境与经济协调发展研究随着时间变化的演化路径和发展趋势[10],如图 4.10 及图 4.11 所示。

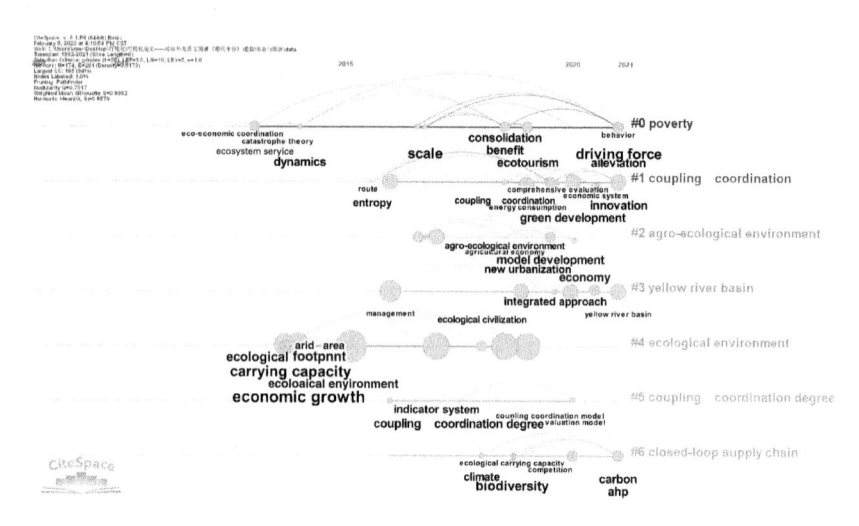

图 4.10　WOS 生态环境与经济协调发展研究关键词时间线图

据图 4.10 梳理相关文献可知,1992—2021 年,WOS 生态环境与经济协调发展研究大致经历了如下 3 个阶段:

①萌芽期(1992—2012 年),此阶段 WOS 生态环境与经济协调发展研究相关文献数量太少,无法形成可清晰显示于时间线图谱上的重要关键词节点。

②发展期(2013—2016 年),此阶段的研究热点关键词是"ecosystem service(生态服务)""catastrophe theory(突变理论)""eco-economic coordination(生态经济耦合度)""ecological footprint(生态足迹)""carrying capacity(承载力)""indicator system(指标体系)"等,高频关键词之间有密集连线。该阶段重点研究学者 Shi Peiji、Zhang Wei、Zhang Lihui 与 Yang Wenfeng 分别在生态环境与经济协调发展的前提下就生态服务系统价值[43]、区域能源承载力[44]、城市综合发展强度-生态环境压力[45]、生态产业发展[7]构建具体评价指标体系。

③成熟期(2017—2021 年),此阶段的研究热点关键词是"ecotourism(生态旅游)""comprehensive evaluation(综合评价)""driving force(驱动力)"

"energy consumption(能源消耗)""innovation(创新)""agro-ecological environment(农业生态环境)""model development(模型发展)""new urbanization(新型城镇化)""integrated approach(综合方法)""Yellow River Basin(黄河流域)""coupling coordination model(耦合协调模型)""climate(气候)""biodiversity(生物多样性)"等。该阶段的研究热点内容为生态环境与经济发展耦合协调评价方法与模型、流域发展与生态环境协调研究、城市化发展与生态环境协调研究、农业经济发展与生态环境协调研究。

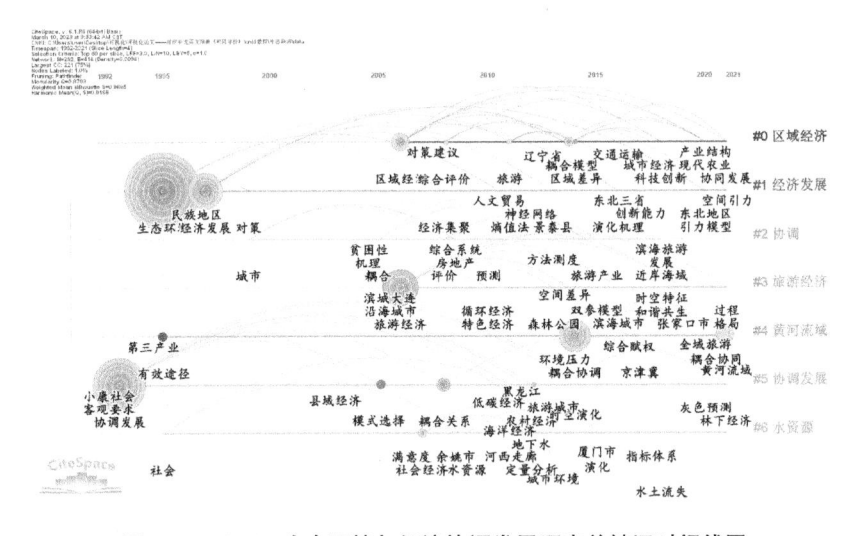

图 4.11 CNKI 生态环境与经济协调发展研究关键词时间线图

根据图4.11进行文献梳理可知,1992—2021年,CNKI生态环境与经济协调发展研究大致经历了4个阶段:

①萌芽期(1992—2003年)。此阶段学者对生态环境与经济协调发展研究的文献较少,代表性关键词有"生态环境""经济发展""协调发展""第三产业""城市""小康社会"等。此阶段的社会经济处于高速发展时期,随着工业总产值的翻番,各种资源能源的消耗也逐年增加,生态破坏与工业污染也愈加严重。陈予群[46]探讨了上海城市经济建设与生态环境协调发展模式,提出通过调整产业结构来降低污染同时不减缓经济建设速度。

②成长期(2004—2013年)。此阶段的研究热点关键词是"沿海城市""旅

游经济""耦合关系""方法测度""熵值法""综合评价",高频关键词之间连线密集。这一阶段研究是在旅游经济快速发展与生态环境建设密不可分的背景下,通过构建生态环境与城市经济协调发展评价指标体系,采用灰色理论、熵值法、因子分析等方法,对沿海城市和城市化水平高的地区定量测度生态系统与经济系统的协调度。王辉等[47]在考虑沿海城市的主要生态环境影响因素的基础上选取评价指标,收集大连的指标数据对生态环境与旅游经济协调发展度做出定量评判。此外,主要采用时间序列或省际面板数据对生态环境与经济协调发展研究进行实证分析[48-50]。

③加速期(2014—2018年)。此阶段的研究热点关键词为"耦合模型""区域差异""科技创新""旅游产业""环境压力""和谐共生""水土流失"等[51-52]。刘德光等[53]采用因子分析法构建评价指标体系,实证分析国内31个省区市2005—2014年生态环境与旅游经济的协调关系及时空特征。汤姿等[54]以"坚持人与自然和谐共生"思想为指导,采用熵值法和耦合协调模型,构建了黑龙江省生态环境与旅游经济耦合协调发展的评价指标体系,并选取2005—2015年的调查数据实证分析了耦合协调发展的空间差异与演化特征。

④深化期(2019年至今),该阶段的研究热点关键词为"引力模型""现代农业""协同发展""灰色预测""黄河流域"等。任保平等[55]为探索黄河流域2012—2018年经济增长、产业发展与生态环境三者之间的耦合协调度,采用耦合协调度模型与灰色关联度模型构建综合评价指标体系,分析了三者之间的驱动因素,并为促进黄河流域的高质量发展提供科学决策支撑。

总体来看,该领域研究初期,生态污染问题制约着社会经济的发展,因此学者重点关注生态环境与经济发展耦合协调指标体系的构建,探究影响耦合度的主要因素,并针对关键影响因素提出适当的解决策略。随着研究的深入和细化,研究方法呈现多样化,研究对象多集中在各大流域、重要发展城市群及农业生态环境脆弱地区,研究多采用实证分析的方法定量测度生态环境与经济协调发展的耦合协调度,通过分析数据结果为生态环境与经济协调发展提出重要的指导意见。

4.5 结论

针对国内外生态环境与经济协调发展研究,通过 CiteSpace 软件对 1992—2021 年 SSCI 和 SCI 数据库收录的 300 篇英文文献、CSSCI 和北大核心数据库收录的 255 篇中文文献进行计量分析,对该领域研究发文量的时间分布、文献作者、研究机构、研究热点与研究趋势等方面进行系统梳理,得出以下结论:①从发文时间分布来看,1992—2021 年该领域发文量整体呈现波动上升态势,其中 WOS 该领域发文量自 2010 年开始逐渐反超 CNKI。②从发文作者和研究机构来看,作者之间以小群体合作或独立研究的方式为主,目前仅初步但尚未完全形成核心高产作业群;研究机构之间缺乏合作,高校与机构之间合作较少,未来需要加强作者之间、机构之间的沟通交流与资源共享,提升研究的综合实力。③关键词与关键词聚类分析结果显示,该领域研究主要集中在综合评价指标体系构建、耦合协调度测量、测量方法等方面。④从研究趋势来看,"energy consumption(能源消耗)""agro-ecological environment(农业生态环境)""new urbanization(新型城镇化)""coupling coordination model(耦合协调模型)"等关键词近年来在 WOS 该研究领域内备受关注;"生态环境""经济发展""协调发展"等关键词在 CNKI 该领域的研究中备受关注。通过系统梳理国内外生态环境与经济协调发展研究的演进历程和发展趋势,可为未来该领域的理论研究与实践提供一定的借鉴和参考,进一步推动学术界深化国内外生态环境与经济协调发展研究。

参考文献

[1] 丁学东. 文献计量学基础[M]. 北京:北京大学出版社,1993.
[2] Zhang H, Wang X, Ho H H, et al. Eco-health evaluation for the Shanghai metropolitan area during the recent industrial transformation (1990—2003).[J]. Journal of Environmental Management,2008,88(4):1047-1055.

[3] Tong H, Shi P, Bao S, et al. Optimization of urban land development spatial allocation based on ecology-economy comparative advantage perspective[J]. Journal of Urban Planning and Development, 2018,144(2).

[4] Shi T, Yang S, Zhang W, et al. Coupling coordination degree measurement and spatiotemporal heterogeneity between economic development and ecological environment—Empirical evidence from tropical and subtropical regions of China[J]. Journal of Cleaner Production, 2020,244(C):118739.

[5] Zhang L, Nie Q, Chen B, et al. Multi-scale evaluation and multi-scenario simulation analysis of regional energy carrying capacity—Case study: China[J]. Science of the Total Environment, 2020,734(prepublish):139440.

[6] Zhang L, Chai J, Zhu J, et al. Dynamic simulation and assessment of the ecological benefits of hydropower as an alternative energy for thermal power under ecological civilization construction: A case study of Fujian, China[J]. Energy Science & Engineering, 2020,8(7):2426-2442.

[7] Yang W, Shi T. A study on the development model of Tibet's eco-industry: a study on the development model of Tibet's eco-industry[C]//ESSAEME 2016.

[8] Ariken M, Zhang F, Liu K, et al. Coupling coordination analysis of urbanization and eco-environment in Yanqi Basin based on multi-source remote sensing data[J]. Ecological Indicators, 2020,114(C):106331.

[9] Wang Z, Zhang F, Zhang X, et al. Regional suitability prediction of soil salinization based on remote-sensing derivatives and optimal spectral index[J]. Science of the Total Environment, 2021,775:145807.

[10] Ariken M, Zhang F, Kung H, et al. Corrigendum to "Coupling coordination analysis and spatio-temporal heterogeneity between urbanization and eco-environment along the silk road economic belt in China"[J]. Ecological Indicators, 2021,121:107191.

[11] Vyshnevska O, Melnyk I, Sarapina O, et al. Global community security: manifestations, priorities, and threats[J]. Ukrainian Journal of Ecology, 2020, 5 (10):259-265.

[12] Vyshnevska O, Melnyk I, Oliinyk T, et al. Environmental priorities in the

sustainable development of the global society[J]. Ukrainian Journal of Ecology, 2021,2(11):130-136.

[13] Liu H, Ma L. Spatial pattern and effects of urban coordinated development in China's urbanization[J]. Sustainability, 2020,12(6):2389.

[14] Zhang J, Ma L. Urban ecological security dynamic analysis based on an innovative emergy ecological footprint method [J]. Environment, Development and Sustainability, 2021,23(11):1-29.

[15] Jorgenson A K, Clark B. Are the economy and the environment decoupling? A comparative international study, 1960—2005[J]. American Journal of Sociology, 2012,118(1):1-44.

[16] Gao H M. Thinking of economic development policies based on ecological environment protection[J]. Advanced Materials Research, 2013,2480(726-731): 4185-4189.

[17] Liu K, Qiao Y, Shi T, et al. Study on coupling coordination and spatiotemporal heterogeneity between economic development and ecological environment of cities along the Yellow River Basin.[J]. Environmental Science and Pollution Research International, 2021,28(6):6898-6912.

[18] Du H. Study on coordinated development degree between ports' economic level and ecological environment[C]//Proceedings of the 7th International Conference on Innovation & Management(ICIM2010). 2010.

[19] Zhang Q, Wang L, Wu F, et al. Quantitative evaluation for coupling coordinated development between ecosystem and economic system—case study of Chinese Loess Plateau[J]. Journal of Urban Planning and Development, 2012,138(4):328-334.

[20] 叶民强,张世英. 区域经济、社会、资源与环境系统协调发展衡量研究[J]. 数量经济技术经济研究, 2001(8):55-58.

[21] Yi P, Dong Q, Li W, et al. Measurement of city sustainability based on the grey relational analysis: The case of 15 sub-provincial cities in China[J]. Sustainable Cities and Society, 2021,73:103143.

[22] Ke Z, Xia Q. Study on coordination development of ecological-environment and economy based on coupling model: a case study of wuhan city[J]. Fresenius

Environmental Bulletin, 2019, 5(28):4007-4012.

[23] Zhang Y, Geng W, Zhang P, et al. Dynamic changes, spatiotemporal differences and factors influencing the urban eco-efficiency in the lower reaches of the Yellow River.[J]. International Journal of Environmental Research and Public Health, 2020,17(20):7510.

[24] 樊华,陶学禹. 复合系统协调度模型及其应用[J]. 中国矿业大学学报,2006,35(4):515-520.

[25] Zhang Z, Wu M, Bai W, et al. Measuring coupling coordination between urban economic development and air quality based on the Fuzzy BWM and improved CCD model[J]. Sustainable Cities and Society, 2021,75:103283.

[26] 王继军,李慧,苏鑫,等. 基于农户层次的陕北黄土丘陵区农业生态经济系统耦合关系研究[J]. 自然资源学报,2010,25(11):1887-1896.

[27] Shao B. Modeling and evaluation of economic development benefit and natural ecological environment under the "internet plus" open platform[J]. 2019,107(28):3157-3167.

[28] Wang J, Wei X, Guo Q. A three-dimensional evaluation model for regional carrying capacity of ecological environment to social economic development: Model development and a case study in China[J]. Ecological Indicators, 2018,89:348-355.

[29] Yang C, Zeng W, Yang X. Coupling coordination evaluation and sustainable development pattern of geo-ecological environment and urbanization in Chongqing municipality, China[J]. Sustainable Cities and Society, 2020,61(prepublish).

[30] Wang Z, Liang L, Sun Z, et al. Spatiotemporal differentiation and the factors influencing urbanization and ecological environment synergistic effects within the Beijing-Tianjin-Hebei urban agglomeration [J]. Journal of Environmental Management, 2019,243:227-239.

[31] Zhao Y, Hou P, Jiang J, et al. Coordination study on ecological and economic coupling of the Yellow River Basin[J]. International Journal of Environmental Research and Public Health, 2021,18(20):10064.

[32] Wang Y, Ding X, Ma Y, et al. System dynamics simulation for the coordina-tive development of socio-economy and environment in the Weihe River Basin, China[J].

Water Policy, 2021,23(3):718-736.

[33] Sun Y, Cao F, Wei X, et al. An ecologically based system for sustainable agroforestry in sub-tropical and tropical forests[J]. Forests, 2017,8(4):102.

[34] Cai J, Li X, Liu L, et al. Coupling and coordinated development of new urbanization and agro-ecological environment in China[J]. Science of the Total Environment, 2021,776:145837.

[35] 唐晓灵,冯艳蓉,杜莉.陕西省经济发展与生态环境耦合协调发展研究[J].环境污染与防治,2021,43(4):516-520.

[36] 吴艳霞,陈步宇,张磊.黄河流域社会经济与生态环境耦合协调态势及动力因素[J].水土保持通报,2021,41(2):240-249.

[37] 孙亚敏,张付海,王欢,等.基于耦合模型的安徽经济与环境协调发展分析[J].中国环境监测,2021,37(6):74-81.

[38] 杨玉珍.我国生态、环境、经济系统耦合协调测度方法综述[J].科技管理研究,2013,33(4):236-239.

[39] 段长桂,董增川,管西柯,等.南京市经济发展与生态环境耦合协调关系研究[J].水力发电,2017,43(9):5-9.

[40] 张珍珍,曹月娥,赵珮珮,等.昌吉回族自治州经济-旅游-生态环境耦合协调发展初探[J].西北师范大学学报(自然科学版),2020,56(3):95-101.

[41] 丁磊,吕剑平.基于熵权法测度甘肃省农业经济和农业生态的耦合性[J].中国农机化学报,2021,42(3):151-158.

[42] 冯晓龙,刘明月,张崇尚,等.深度贫困地区经济发展与生态环境治理如何协调——来自社区生态服务型经济的实践证据[J].农业经济问题,2019(12):4-14.

[43] Liu H L, Shi P J, Chen L, et al. Evaluation of the urbanization quality and analysis of improving countermeasures of the Shi Yang River Basin[J]. Applied Mechanics and Materials, 2013,2301(295-298):2581-2586.

[44] Wu W, Zhang W, Zhang X. Harmonious environment construction in transport and sustainable development for 21st century[J]. Advanced Materials Research, 2013, 869-870:691-697.

[45] Wang D, Chen W, Wei W, et al. Research on the relationship between urban development intensity and eco-environmental stresses in Bohai Rim Coastal Area,

China[J]. Sustainability,2016,8(4):406.

[46] 陈予群. 上海城市经济建设与生态环境协调发展模式[J]. 上海社会科学院学术季刊,1993(2):33-41.

[47] 王辉,姜斌. 沿海城市生态环境与旅游经济协调发展定量研究[J]. 干旱区资源与环境,2006(5):115-119.

[48] 滕海洋,于金方. 山东省经济与生态环境协调发展评价研究[J]. 资源开发与市场,2008(12):1085-1086.

[49] 李洪英,胡求光,胡彬彬. 浙江省海洋经济与生态环境的协调发展研究——基于低碳经济的视角[J]. 华东经济管理,2011,25(6):11-14.

[50] 张翔. 西宁市生态环境与社会经济协调发展分析[J]. 兰州大学学报(社会科学版),2013,41(4):131-139.

[51] 李琳,王搏,徐洁. 我国经济与生态环境协调发展的地区差异研究——基于综合评价方法[J]. 科技管理研究,2014,34(10):38-41.

[52] 杨建林,黄清子. 生态城市建设目标下的产业发展评价研究[J]. 湖南社会科学,2015(4):137-142.

[53] 刘德光,屈小爽. 中国旅游经济与生态环境协调发展度测算及区域差异分析[J]. 广东财经大学学报,2016,31(4):89-96.

[54] 汤姿,石长波,张娜. 黑龙江省旅游经济与生态环境时空耦合研究——基于"坚持人与自然和谐共生"的视角[J]. 商业研究,2018(1):1-9.

[55] 任保平,杜宇翔. 黄河流域经济增长-产业发展-生态环境的耦合协同关系[J]. 中国人口·资源与环境,2021,31(2):119-129.

第五章

国内外水资源利用与经济发展
协调评价研究可视化分析

水资源是国家经济社会发展的先导性要素,在居民生活保障、农业灌溉与粮食生产、生态保护与经济高质量发展等方面发挥重要作用。党的十八大以来,为全面贯彻习近平总书记提出的"节水优先、空间均衡、系统治理、两手发力"新时代治水理念,国家部委陆续出台了一系列政策举措,如《国家节水行动方案》强调了全面贯彻节水优先与系统治理的理念,《生态文明体制改革总体方案》明确了区域的经济发展不能超出当地水资源的承载能力和生态环境容量,《自然资源"十四五"规划编制工作方案》提出了以加快工业节水减排为目标导向的节水型社会建设。这些政策举措为加速推动国家节水控水、有效提升水资源利用率与经济发展协调性提供了重要支撑。为此,本章深入开展国内外水资源利用与经济发展协调评价研究可视化分析。

5.1 研究方法与数据来源

随着科学知识图谱的不断完善,基于 CiteSpace 的文献计量可视化分析在我国农、工、医、教等不同学科得到广泛应用,主要包括文献发表的时间分布、学科和期刊分布、高被引文献分布、研究主体分布及研究热点等内容[1-3]。其中,部分学者开展了水资源研究热点可视化分析,如陈思源等[4]对 2007—2017 年我国水资源管理的 4 469 篇文献进行梳理,归纳了近十年来我国水资源管理的合作情况、研究热点和趋势。黄雅丽等[5]对 WOS 上与"水-能源-粮食"主题相关的 692 篇文献进行梳理,辨识和追踪了该领域的研究热点和发展态势,为推进"水-能源-粮食"纽带关系的深化研究提供了决策参考。顾冬冬[6]对 2010—2019 年农业水资源利用的 CNKI 数据库文献进行了可视化分析,确立了该领域未来的研究方向为农业用水立法、创新农业用水金融体制及水资源利用技术。陈艳萍等[7]对我国水权交易价格进行了研究综述,明确了水权交易价格的影响因素、农业水价长期备受学界关注、黄河流域水权交易与水权市场制度研究成为热点案例。梳理文献可知,目前鲜有文献开展国内外水资源利用与经济发展协调评价的可视化研究,尚未深入挖掘该领域研究的演化进程。

(1) 研究方法

CiteSpace 软件是由陈超美教授及其科研团队基于 Java 语言研发,是一种文献定量分析软件,能够发现领域研究热点和研究趋势,已得到众多学者的认可和应用[4-7]。本书主要运用 CiteSpace 6.1.R6 对水资源利用与经济发展协调评价研究进行可视化分析,得到机构合作、学者合作、关键词共现、关键词时间线等知识图谱。

(2) 数据来源

本书以 WOS 及 CNKI 数据库的学术期刊为数据来源,在 WOS 中选择"主题"检索,检索条件为:主题="water resource" and "economy" and "coordinate",来源类别="核心期刊库";在 CNKI 中选择"高级检索"类型,选择"主题"检索,检索条件为:主题=水资源"或"经济"或"协调",来源类别="CSSCI 源刊"+"CSCD 源刊"+"核心期刊"。时间跨度均设为 1994—2020年,剔除报道、会议通知、文件、征稿启事、卷首语等后得到 366 篇英文文献文本及 225 篇中文文献文本,以此进行科学计量分析。

5.2 文献计量分析

5.2.1 发文量统计与刊物分布

(1) 发文量统计

年发文量可用于揭示研究领域的发展历程,同时可作为评估该研究领域在学术界重要性的标准。

据图 5.1 可知,1994—2020 年该研究领域 WOS 发文量总体呈现波动上升的变化态势,阶段性特征较为显著:①起步阶段(1994—2006 年),发文量仅 36 篇,占总发文量的比重约为 10%,该阶段年均发文量约为 3 篇,其中 SCI 年均发文量约为 2 篇,SSCI 年均发文量不到 1 篇;②成长阶段(2007—2015年),发文量增至 112 篇,占总发文量的比重约为 30%,该阶段年均发文量增至 12 篇,其中 SCI 年均发文量为 12 篇,SSCI 年均发文量为 2 篇;③激增阶段

(2016—2020年),发文量高达217篇,占总发文量比重约为60%,该阶段年均发文量暴涨至43篇,其中SCI年均发文量为35篇,SSCI年均发文量为15篇。分析发文量变动趋势可知,2016年是该研究领域发文量取得突破性进展的分水岭。由2016至2020年持续攀升的发文量可知现该领域处在上升期,研究热点众多,发展空间巨大,但与此同时,呈井喷之势的文章数量也亟需完善的评价理论体系进行总结梳理。

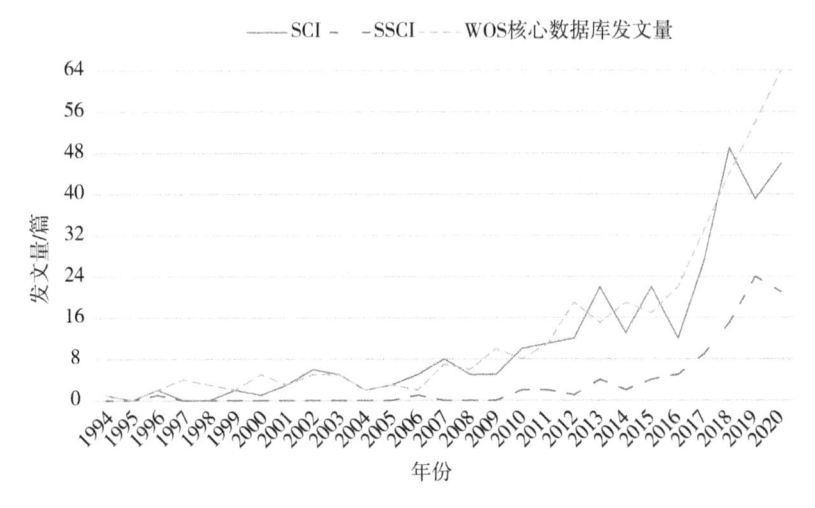

图 5.1 1994—2020 年 WOS 水资源利用与经济发展协调评价研究发文量

据图5.2可知,1994—2020年该领域研究的CNKI核心数据库发文量呈"S"形曲线变化,具有较为显著的阶段性特征:①起步阶段(1994—2003年),总发文量仅17篇,均为北大核心期刊,其中CSCD发文量为15篇(占比高达88%),CSSCI发文量为2篇(占比仅12%)。该阶段年均发文量不足2篇。②成长阶段(2004—2011年),总发文量增至48篇,其中47篇为北大核心期刊。CSCD发文量增至24篇,但占比降至50%;CSSCI发文量增至16篇,且占比升至33%。该阶段年均发文量增至6篇。③发展阶段(2012—2020年),总发文量高达160篇,其中149篇为北大核心期刊,CSCD发文量增至74篇(占比46%),CSSCI发文量增至44篇(占比28%)。该阶段年均发文量接近18篇。梳理文献可知,自2012年开始,该领域研究的发文量取得了突破性进展。究其原因，2011年中央一号文件《中共中央 国务院关于加快水利改革发展的决定》出台，明确了新时期水利发展的战略定位，这为学界深入开展该领域研究指明方向和提供政策指导。图5.2显示，该领域研究的发文量仍处于上升期，未来仍是学界关注的研究热点，将形成更为完善的评价理论体系。

图 5.2　1994—2020 年 CNKI 水资源利用与经济发展协调评价研究发文量

（2）发文刊物分布

由布拉德福定律可知，学科论文发表通常是不均匀地分布在相关期刊上，在期刊上发文的频率与期刊的专业程度存在较强的正相关关系[8]。为此，依据图5.1及图5.2中该领域研究的期刊发文量，根据布拉德福核心区数量计算法[8]，确定该领域研究的核心区期刊种数，可用公式表示为

$$r_0 = 2\ln(e^E \cdot Y) \tag{5.1}$$

式（5.1）中：r_0 为核心区期刊种数；E 为欧拉系数，通常取 $E=0.577\ 2$；Y 为某领域发文量最多的期刊对应的论文数量。

根据式（5.1），通过文献梳理可知，WOS 该领域发文量最多的期刊为 *Agricultural Water Management*，共计 25 篇；CNKI 该领域发文量最多的期刊为《人民长江》，共 13 篇。分别将数据代入式（5.1）中，得到 $r_{01} \approx 2\ln(1.8 \times 25) \approx 8$，$r_{02} \approx 2\ln(1.8 \times 13) \approx 6$，说明 WOS 核心数据库中与该领域相关的核心区期刊为 8 种，CNKI 核心数据库中与该领域相关的核心区期刊为 6 种，分别如表 5.1 及表 5.2 所示。

表 5.1　1994—2020 年 WOS 核心数据库的核心区期刊发文情况

期刊名称	发文量/篇	占总发文量比例/%
Agricultural Water Management	25	6.8
Journal of Cleaner Production	19	5.2
Sustainability	19	5.2
Water	15	4.1
Irrigation and Drainage	11	3.0
Field Crops Research	10	2.7

注：占总发文量比例按照四舍五入原则取约数。

根据表 5.1 可知，该领域相关的 8 种 WOS 核心区期刊的发文量总计 99 篇，约占 WOS 核心数据库总发文量的 27%。从以上 8 种核心区期刊看，WOS 该研究领域重点关注学科为农林学科、水利学科及环境可持续发展学科，三大学科交叉影响领域发展。

表 5.2　1994—2020 年 CNKI 核心数据库的核心区期刊发文情况

期刊名称	发文量/篇	占总发文量比例/%
人民长江	13	5.8
中国农村水利水电	12	5.3
人民黄河	11	4.9
节水灌溉	11	4.9
水电能源科学	10	4.4
水资源保护	9	4.0

注：占总发文量比例按照四舍五入原则取约数。

根据表 5.2 可知，该领域 85 种刊物中 6 种 CNKI 核心区期刊的发文量总计 66 篇，约占 CNKI 核心数据库总发文量的 30%。从 6 种核心区期刊看，CNKI 该研究领域重点关注学科为农林学科及水利学科，两大学科交叉影响领域发展。

总体来看，该领域研究受到了不同学科的关注，已成为多学科交叉研究领域。

5.2.2 高校和研究机构合作分布

高校和研究机构合作分布反映了高校和研究机构在该领域的研究实力。运用 CiteSpace 可视化分析软件，得到排序前十的高校和研究机构发文量（见表 5.3 及表 5.4）、高校和研究机构合作图谱（见图 5.3 及图 5.4）。

由表 5.3 可知，在 WOS 核心数据库相关研究中，中国科学院发文量排名第一，其发文量占比达到约 5%；河海大学排名第二，其发文量占比达到约 4%；排名第一的中国科学院与排名第三的中国科学院大学联系紧密，二者发文量共计占比达到约 8%。

表 5.3 1994—2020 年 WOS 水资源利用与经济发展协调评价研究发文量排名前 10 的机构

排序	单位名称	发文量/篇
1	Chinese Acad Sci（中国科学院）	20
2	Hohai Univ（河海大学）	16
3	Univ Chinese Acad Sci（中国科学院大学）	11
4	Nanjing Univ（南京大学）	9
5	China Inst Water Resources & Hydropower Res（中国水利水电科学研究院）	8
6	Huazhong Univ Sci（华中科技大学）	7
7	Beijing Normal Univ（北京师范大学）	6
8	Arizona State Univ（亚利桑那州立大学）	6
9	Stanford Univ（斯坦福大学）	6
10	China Agr Univ（中国农业大学）	6

由表 5.4 可知，在 CNKI 核心数据库该领域研究中，目前河海大学商学院和湖南师范大学资源与环境科学学院的发文量并列第一，两者发文量占比均超过 3%。新疆大学资源与环境科学学院发文量第二，其发文量占比接近 3%。

表 5.4 1994—2020 年 CNKI 水资源利用与经济发展协调评价研究发文量排名前 10 的机构

排序	单位名称	发文量/篇
1	河海大学商学院	7
2	湖南师范大学资源与环境科学学院	7

续表

排序	单位名称	发文量/篇
3	新疆大学资源与环境科学学院	6
4	中国科学院研究生院	5
5	中国科学院新疆生态与地理研究所	5
6	中国科学院地理科学与资源研究所	5
7	辽宁师范大学海洋经济与可持续发展研究中心	5
8	江苏省"世界水谷"与水生态文明协同创新中心	3
9	郑州大学水科学研究中心	3
10	西北农林科技大学水利与建筑工程学院	3

总体来看，该领域研究中，中国高校及专业研究机构发文量占比居多，高校目前为该领域研究主力，如河海大学、中国科学院大学、湖南师范大学、南京大学等，其中河海大学开创了中国水利高等教育的先河，师资力量雄厚，科研设备先进，在水文领域的发文量一直处于前端。而湖南师范大学的李景保教授及其团队对该领域研究做出了重要贡献。

机构合作网络图谱中，字体的大小与高校和研究机构发文量呈正相关关系，连线体现了不同高校和研究机构之间的合作关系。连线越粗则合作越紧密，无连线则说明没有合作关系。

据图5.3可知，WOS该领域研究高校与研究机构之间合作较为紧密，呈现分散式团队的布局，其中以国内高校与研究机构合作构成的研究团体居多，如：①福州大学-复旦大学；②斯坦福大学-亚利桑那州立大学；③中国农业大学-东北农业大学；④柏林洪堡大学-亚利桑那州立大学；⑤清华大学-天津大学；⑥清华大学-北京林业大学。

此外，WOS该领域研究已形成一定规模的核心合作团队。如：①以中国科学院为中心的合作团队，中国科学院-中国科学院大学-华中科技大学-南京大学；②以河海大学为中心的合作团队，河海大学-宾夕法尼亚州立大学-四川大学-中国水利水电科学研究院-水利部-北京师范大学-山东大学。

根据图5.4可知，该领域研究中，高校和研究机构之间的合作呈现"大分散、小聚集"现象，以2所高校和研究机构合作的研究团体居多，如：①华北水利水电学院资源与环境学院-安阳师范学院资源环境与旅游学院；②辽宁师范

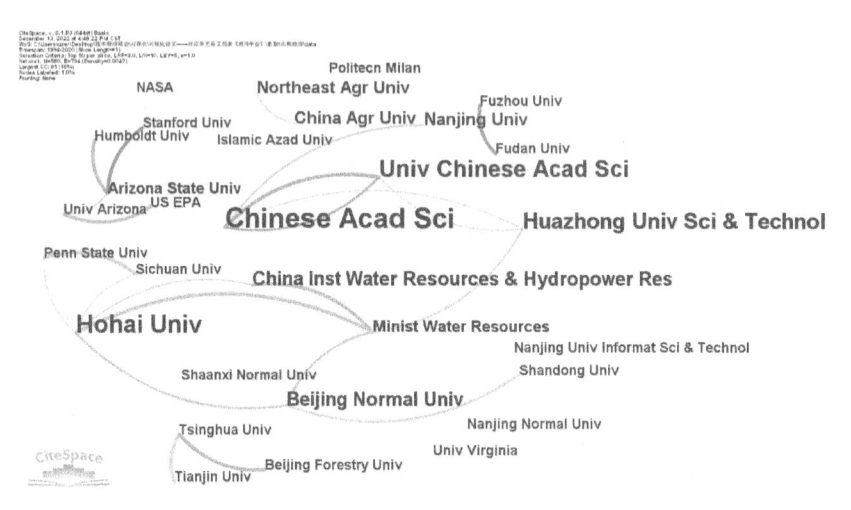

图 5.3　WOS 水资源利用与经济发展协调评价研究机构合作网络图谱

大学海洋经济与可持续发展研究中心-辽宁师范大学城市与环境学院；③湖南师范大学商学院-中南大学信息科学与工程学院；④中国农业科学院农业资源与农业区划研究所-中国科学院生态环境研究中心城市与区域生态国家重点实验室；⑤新疆大学资源与环境科学学院-新疆大学旅游学院；⑥新疆大学资源与环境科学学院-中国科学院地理科学与资源研究所。

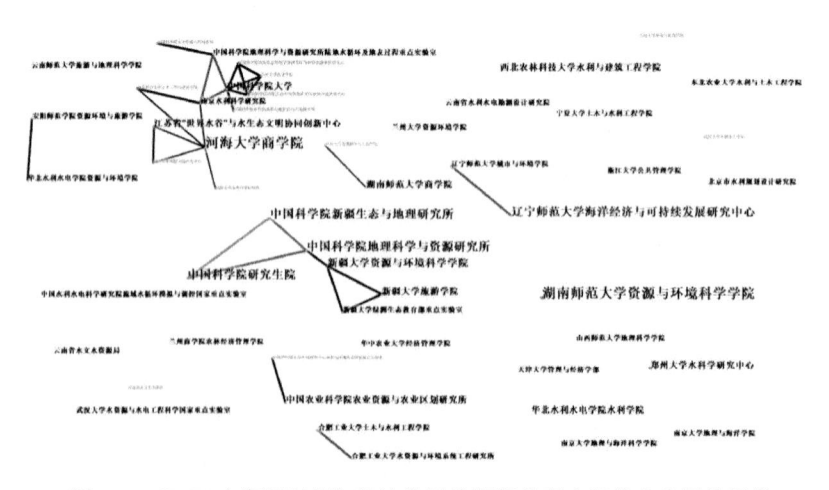

图 5.4　CNKI 水资源利用与经济发展协调评价研究机构合作网络图谱

此外，还存在涉及 3 所以上高校和研究机构合作的研究团体，如：①河海大学商学院-江苏省"世界水谷"与水生态文明协同创新中心-南京水利科学研究院；②中国科学院地理科学与资源研究所-中国科学院研究生院-中国科学院新疆生态与地理研究所；③中国科学院大学-南京水利科学研究院-中国科学院地理科学与资源研究所陆地水循环及地表过程重点实验室。总体来看，该领域研究机构主要集中在高校，形成了一定规模的团队合作，但大部分都隶属于同一地域，因此研究内容与研究区域的当地政策、经济社会发展密切相关，具有地域性。

5.2.3 学者合作特征

学者合作直接反映了我国水资源利用与经济发展协调评价领域研究成果和学术共享情况，有利于提高学者们在该领域研究成果的质量和学术影响力。运用 CiteSpace 可视化分析软件，得到 1994—2020 年该领域研究的学者合作网络图谱（见图 5.5 及图 5.6）。作者合作网络图谱中，每个节点代表相应的学者，每条连线代表学者之间的合作关系，连线越粗则学者合作越紧密。

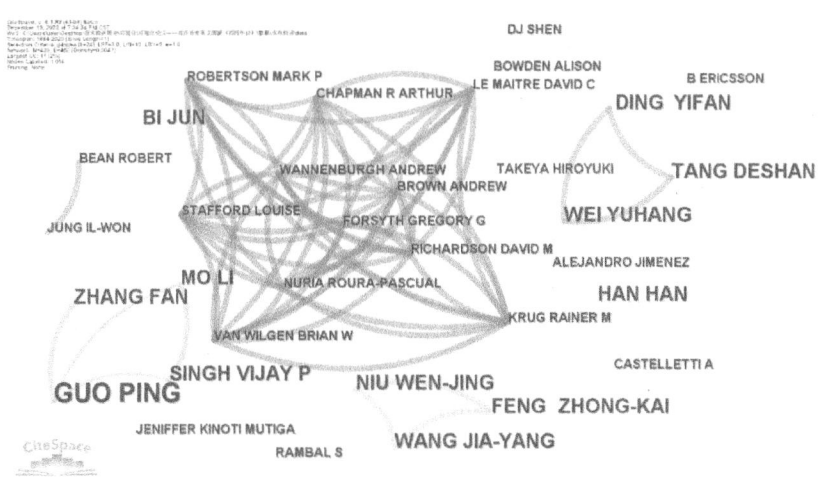

图 5.5 WOS 水资源利用与经济发展协调评价研究学者合作网络图谱

根据图 5.5 可知，WOS 该领域研究学者合作较为密切，形成了核心合作团队，如国内以 3 个及以上学者合作团队为主：张帆-莫莉-郭萍- Vijay P. Singh、魏宇航-唐德善-丁一凡、牛文静-冯仲恺-王佳阳；国外以多人合作团队为主：Mark P. Robertson-Arthur Chapman-David C Le Maitre-Andrew Wannenburgh-Andrew Brown-Greg G. Forsyth-David Mark Richardson-Nuria Roura-Pascual-Brian W. van Wilgen-Rainer M Krug。总体来看，国内学者数量不如国外多，但国内学者发文量大于国外学者。

根据图 5.6 可知，CNKI 该领域研究学者合作较密切，以 2 个学者合作的学术团体居多，如陈守煜-朱文彬、鲍超-方创琳、王红瑞-洪思扬、张先起-刘慧卿、安琪-姚志春、吕添贵-吴次芳、戚国强-刘杨、张小雷-杨宇、伏吉芮-姚一平。同时，还存在涉及 3 个以上学者合作的学术团队，如左其亭-臧超-马军霞、徐云峰-刘勇-刘玉邦、刘贤赵-邵金花-李德一、李景保-徐志-陈晓-王飞、庄会波-宋秀英-孟祥彬-李瑜、庄会波-宋少文-曹升乐-刘淋淋-于翠松-王延梅。总体来看，由于研究主题存在地域限制，学者合作多为同一高校或同一研究机构。

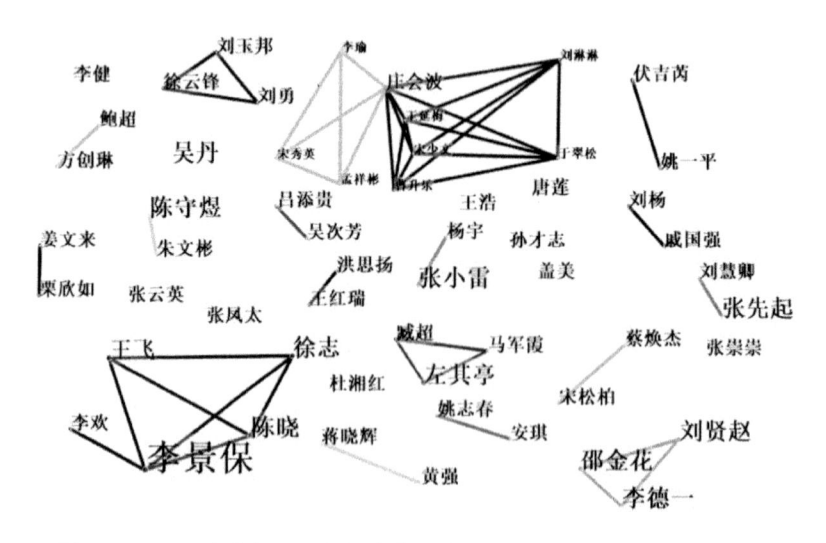

图 5.6 CNKI 水资源利用与经济发展协调评价研究学者合作网络图谱

依据图 5.5 及图 5.6，以论文发表的第一作者为主要研究对象，借鉴美国著名科学计量学专家普莱斯对高产学者的界定公式[9]，对该领域研究的核心

作者(第一作者)进行筛选,即

$$m = 0.749\sqrt{n_{\max}} \tag{5.2}$$

式(5.2)中：m 为筛选标准,即核心作者(第一作者)发文量的下限值；$n_{\max}$ 为最高产学者(第一作者)的发文量。

根据式(5.2),分别选取 WOS 和 CNKI 该领域研究的第一作者发文量最大值作为参照值,即 $n_{\max}=3$,确定核心作者(第一作者)。经计算得到 $m=1.3$,表明发文量达到 2 篇以上即为核心作者(第一作者)。通过文献梳理,该领域研究的核心作者群体如表 5.5 及表 5.6 所示。

分析表 5.5 可知,WOS 该领域研究核心作者群体的特征表现如下：①核心作者群体可分为领军型与支撑型。发文量大于等于 2 篇且平均发文时间早于 2016 年的学者为领军型,如研究方向为水资源管理的魏宇航与研究方向为水利水电工程的唐德善为该领域的领军型人物,奠定了水资源利用与经济发展耦合协调研究的学术基础。发文量大于等于 2 篇且平均发文时间为 2016—2020 年间的学者为支撑型,如成金华、牛文静、Vijay P. Singh 等人。以上学者在领域受到学界关注期间积极展开学术活动,促进领域发展,提升领域影响力,为该领域理论或实践方面作出重要贡献。②根据普莱斯定律[9],若研究领域中核心作者的发文量总和占到领域总发文量的 50% 及以上,则说明该领域形成了稳定的核心作者群体,领域间学术资源共享较为普遍、重大学术成果辐射较为成功。但该领域核心作者群体发文量总计占领域总发文量(366 篇)的 6%,远小于标准 50%。因此,该领域亟需加强学者间的合作,从而形成稳定的核心作者群体。

表 5.5　WOS 水资源利用与经济发展协调评价研究发文量排名前 10 的核心作者

核心作者(第一作者)	研究方向	发文量/篇	年份
郭萍	不确定性条件下水资源及环境管理研究	3	2019
成金华	资源环境经济学	2	2016
牛文静	流域管理	2	2020
Vijay P. Singh	地表及地下水资源	2	2019

续表

核心作者(第一作者)	研究方向	发文量/篇	年份
毕军	流域环境管理	2	2018
魏宇航	水资源管理	2	2014
唐德善	水利水电工程	2	2014
张帆	水足迹	2	2019
莫莉	水利水电工程	2	2019
冯仲恺	水利水电工程	2	2020

分析表5.6可知,CNKI核心作者群体的特点表现为:①核心作者群体由左其亭等知名专家、吴丹等中青年学者组成,形成了该领域较为合理的研究梯队。②核心作者群体可分为支撑型与助力型。发文量大于等于3篇为支撑型,主要有:左其亭、吴丹、张先起、邵金花、盖美。以左其亭为代表的权威学者、领军人物长期聚焦于该研究领域,研究成果及被引量均较多,在理论或实践方面具有重要意义。发文量等于2篇的学者为助力型,对该领域研究有一定的促进或影响作用。③根据普莱斯定律[9],研究领域核心作者的发文量应占总发文量的50%。表5.6中核心作者群体虽代表了该领域的中坚力量,但其发文量仅占总发文量(225篇)的11%,因此,该领域亟需加快形成稳定的核心作者群体。

表5.6 CNKI水资源利用与经济发展协调评价研究发文量排名前10的核心作者

核心作者(第一作者)	研究方向	发文量/篇	年份
左其亭	水文及水资源	3	2014
吴丹	区域协调发展与水资源管理	3	2013
张先起	水资源开发利用与管理	3	2008
邵金花	区域水土资源与可持续发展	3	2007
盖美	资源环境与经济可持续发展	3	2011
陈守煜	水文水资源	2	2001
方创琳	生态经济与区域可持续发展	2	2004
洪思扬	水资源系统分析	2	2017
焦士兴	水资源环境管理	2	2018
朱文彬	水资源系统优化规划及技术经济	2	1994

5.3 研究热点分析

5.3.1 关键词共现分析

关键词作为学术论文的重要组成部分和精髓,是学者对论文核心研究内容的精炼,代表文献的核心议题和研究领域,文献中高频次出现的关键词可视为该领域的研究热点[10]。通过对1994—2020年该领域研究进行关键词共现分析,得到关键词共现网络图谱(见图5.7及图5.8)、频次和中心性前20的关键词(见表5.7及表5.8)。

关键词共现网络图谱中,关键词之间的连线代表两个关键词出现在同一篇文献,连线越粗则共现频次越高。年轮的厚度与关键词词频成正比,节点越大、关键词字体越大,则该关键词总体频次越高[10]。

关键词排序表中,关键词的中心性主要用于测度节点在关键词共现网络图谱中的重要性。通常,关键词的中心性数值大于等于0.1,说明该关键词具有高中心性,在关键词共现网络图谱中具有重要影响力。关键词的出现频次与其中心性并不存在必然的相关,即高频关键词并不一定是高中心性关键词,而出现频次与中心性数值均高的关键词在关键词共现网络图谱中的作用更为关键。

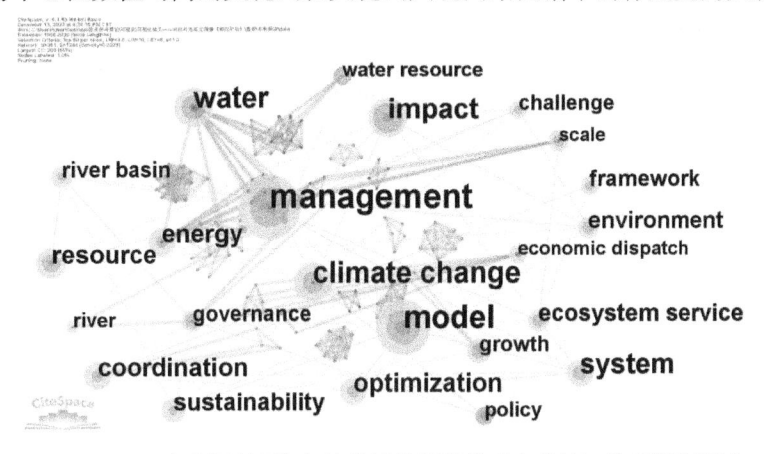

图5.7 WOS水资源利用与经济发展协调评价研究关键词共现网络图谱

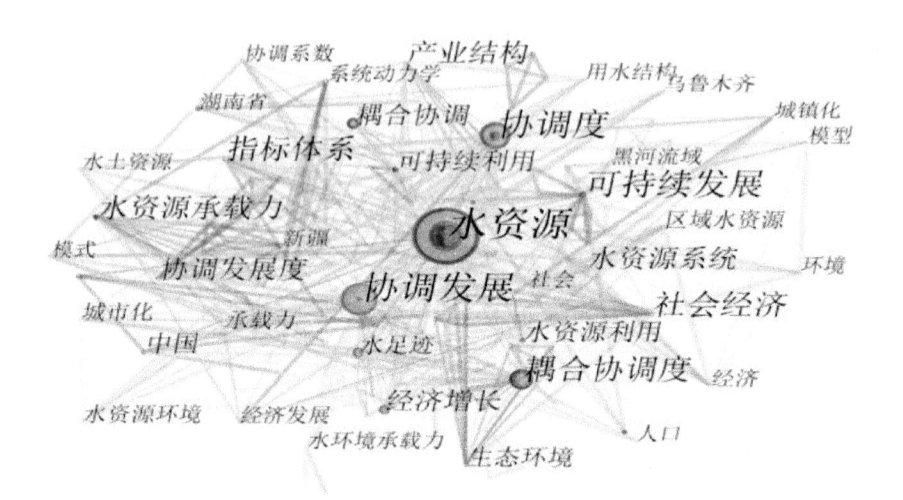

图 5.8　CNKI 水资源利用与经济发展协调评价研究关键词共现网络图谱

表 5.7　WOS 水资源利用与经济发展协调评价研究高频关键词

排序	频数			排序	中心性		
	频次	中心性	关键词		中心性	频次	关键词
1	52	0.05	management	1	0.11	18	energy
2	39	0.01	model	2	0.1	5	vulnerability
3	29	0.08	water	3	0.08	29	water
4	29	0.05	climate change	4	0.08	4	water policy
5	26	0.07	China	5	0.07	26	China
6	26	0.01	impact	6	0.06	11	governance
7	25	0.02	system	7	0.06	6	area
8	19	0.02	optimization	8	0.06	4	risk
9	19	0.02	resource	9	0.05	52	management
10	18	0.11	energy	10	0.05	29	climate change
11	17	0.04	coordination	11	0.04	17	coordination
12	15	0.01	sustainability	12	0.04	10	growth
13	14	0	ecosystem service	13	0.04	9	water resource
14	13	0	environment	14	0.04	6	resilience
15	12	0.03	framework	15	0.04	5	allocation
16	12	0.01	river basin	16	0.04	5	conservation

续表

排序	频数			排序	中心性		
	频次	中心性	关键词		中心性	频次	关键词
17	11	0.06	governance	17	0.03	12	framework
18	11	0	sustainable development	18	0.03	8	economic dispatch
19	10	0.04	growth	19	0.03	5	basin
20	10	0.01	challenge	20	0.03	4	wind power

表 5.8　CNKI 水资源利用与经济发展协调评价研究高频关键词

排序	频数			排序	中心性		
	频次	中心性	关键词		中心性	频次	关键词
1	68	0.44	水资源	1	0.44	68	水资源
2	30	0.22	协调度	2	0.27	29	协调发展
3	29	0.27	协调发展	3	0.25	20	可持续发展
4	20	0.25	可持续发展	4	0.22	30	协调度
5	20	0.15	耦合协调度	5	0.15	20	耦合协调度
6	13	0.1	社会经济	6	0.13	12	水资源承载力
7	12	0.13	水资源承载力	7	0.1	13	社会经济
8	12	0.08	产业结构	8	0.08	12	产业结构
9	10	0.03	经济增长	9	0.08	10	指标体系
10	10	0.08	指标体系	10	0.08	8	协调发展度
11	10	0.06	耦合协调	11	0.06	10	耦合协调
12	8	0.01	水足迹	12	0.06	4	水环境承载力
13	8	0.08	协调发展度	13	0.05	7	水资源系统
14	7	0.04	水资源利用	14	0.04	7	水资源利用
15	7	0.04	可持续利用	15	0.04	7	可持续利用
16	7	0.05	水资源系统	16	0.04	3	黑河流域
17	7	0.01	城市化	17	0.03	10	经济增长
18	6	0.03	中国	18	0.03	6	中国
19	6	0.03	水资源环境	19	0.03	6	水资源环境
20	5	0.03	经济发展	20	0.03	5	经济发展

综上,据图5.7、图5.8及表5.7、表5.8可知,首先,按照年轮的厚度,节点"water"在WOS关键词共现图谱中,节点"水资源"在CNKI关键词共现网

络图谱中均频次较高,中心性较大,与其他关键词连接线最为密集。其次,"management""sustainability""model""system""coordination""impact""协调发展""可持续发展""协调度""耦合协调度""水资源承载力""社会经济"等词也同时具有高频次与高中心性,凸显了1994—2020年该领域的核心研究主题。

5.3.2 研究前沿演化分析

在得到关键词共现网络图谱与关键词聚类知识图谱的基础上,为进一步揭示不同时期国内外水资源利用与经济发展协调评价的演化脉络,运用CiteSpace可视化分析软件,得到关键词时间线知识图谱(见图5.9及图5.10)。时间线图谱中,节点所处的年份表示该关键词首次出现的时间,节点间的连线表示不同关键词同时出现在同一篇文献中。

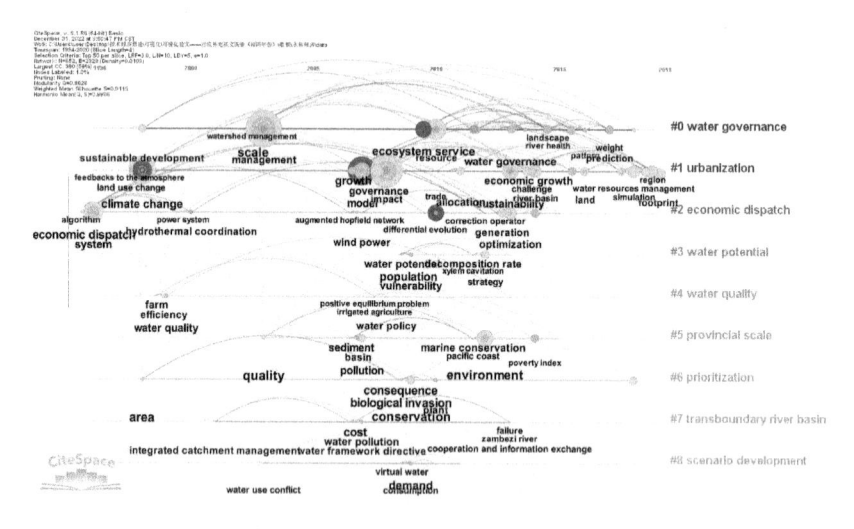

图5.9 WOS水资源利用与经济发展协调评价研究关键词时间线图谱

根据图5.9可知,1994—2020年,WOS该研究热点问题演化脉络可分为三个阶段,具体可表述为:

①萌芽期(1994—2006年),重点凸显watershed management(流域管理)、sustainable development(可持续发展)、climate change(气候变化)、

water use（水资源利用）、water quality（水质）、hydrothermal coordination（水热协调）、efficiency（效率）、economic dispatch（经济调度）等关键词。该阶段重点研究问题可概括为：水资源管理研究、资源-环境-经济可持续发展研究。Lange[11]以南非国家为研究对象，提出计算明确水资源的机会成本，同时加强农业、能源、采矿和贸易各部门战略的协调可以更好地健全水资源管理体系；Heikkila[12]以加利福尼亚州水管理计划为研究对象研究政治管辖边界如何影响自然资源管理，结果表明，与自然资源相吻合的制度边界可能与实施更有效的资源管理计划有关；Boxer[13]提出中国水领域存在由物理、制度、历史文化和意识形态基础相互关联而引发的矛盾，正确的水资源管理战略和水资源管理政策有助于缓解水经济中根深蒂固的矛盾；Professor 等[14]基于可持续水资源和复杂系统理论，定义水资源-社会经济-环境复合系统为水资源复杂系统（WRCS），并据博塞尔可持续发展的指标框架建立 WRCS 的指标体系，利用同步发展方程构建 WRCS 的协调模型，用以测量 WRCS 综合评估值与期望评估值之间的空间距离与 WRCS 的协调程度；Du 等[15]以乌鲁木齐市为例，通过供水与绿洲城市人口、经济、环境扩张的相互作用研究不同城市化阶段水资源开发与城市发展的协同适应形式，结果表明协同适应的表现方式可以概括为五个阶段：基本协调、扩大协调、扩大矛盾、适应矛盾、适应协调。而用水量成本、用水量比例和效率是影响协同适应的主要因素。

②发展期（2007—2015 年），重点凸显 ecosystem service（生态服务）、model（模型）、irrigated agriculture（灌溉农业）、water policy（水政策）、sustainability（可持续性）、water framework directive（水框架指令）等关键词。该阶段重点研究问题可概括为：农业与水资源利用关系研究、水资源利用与经济发展耦合协调研究、水资源政策研究。Cazcarro 等[16]以西班牙阿拉贡地区农业和食品行业为案例，研究农业与食品行业对区域环境的影响，通过情景分析，采用区域适用的一般均衡模型评估农业食品行业对于环境的影响，结果表明农业食品行业对于环境，特别是对水资源的影响是显著的；Han 等[17]追踪评估山东半岛水资源环境状况与经济社会发展的和谐度，运用德尔菲法和层次分析法，从和谐度、可持续度、开放度、稳定度和可控性 5 个方面构

建综合评价指标体系,探讨制约山东半岛经济-社会-环境协调发展的主要因素;Wang等[18]认为分析和评价水资源承载力是促进社会经济可持续发展的关键问题,为此以黄河三角洲为例,构建包含经济、社会、生态及水资源4个子系统在内的复合系统指标体系,基于投影寻踪评价模型和粒子群优化算法,确立水资源承载力评价方法;Wheater等[19]提出应当将包含人类活动维度的水科学研究视为水系统动力学的内生成分,加强研究和政策的跨部门协调、科学与政策的融合,利用大型集水观测站整合跨学科科学资源和解决新世纪的水问题。

③成熟期(2016—2020年),重点凸显water resource management(水资源管理)、prediction(预测)、pattern(模型)、water footprint(水足迹)等关键词。该阶段重点研究问题可概括为:水资源利用与经济发展协调评价模型建立、水足迹研究。Cheng等[20]以黑龙江省为例引入动态耦合协调模型研究水资源系统的协调发展,分析资源子系统与生态、社会经济子系统以及整个水资源系统之间的耦合协调度,探究影响水资源系统效率与可持续性的关键因素;Yao等[21]以山东省为例,基于各要素条件及其相互作用的机制提出水资源系统综合协同进化模型,采用灰色关联分析法计算系统协调度,在关联度的计算过程中引入元素权重用以反映元素间的不确定关系对绝对适应度的影响,引入波动系数用以反映参考序列和比较序列之间的相关程度对整体相关程度的影响;Fu等[22]将两阶段区间参数随机规划与自适应水资源管理模型相结合,研究制定了可提高水资源系统适应性的水资源管理策略;Luo等[23]以沙颍河流域为研究对象,结合降雨-径流、河流水质和生态模型建立了整合分布式的社会经济-水-生态模型,并且基于和谐理论方法构建了和谐调控模型,研究结果表明,社会经济发展对河流水质及生态的影响显著;Liu等[24]基于广义回归神经网络模型及水生态足迹基本模型,据济南市2006—2015年水足迹相关数据构建水资源-社会-经济-生态环境耦合协调指标体系,针对计算结果建立可模拟济南未来5年水生态可持续性的预测评估模型。

根据图5.10可知,1994—2020年,CNKI该研究主要分为3个演化阶段,具体可表述为:

第五章 国内外水资源利用与经济发展协调评价研究可视化分析   117

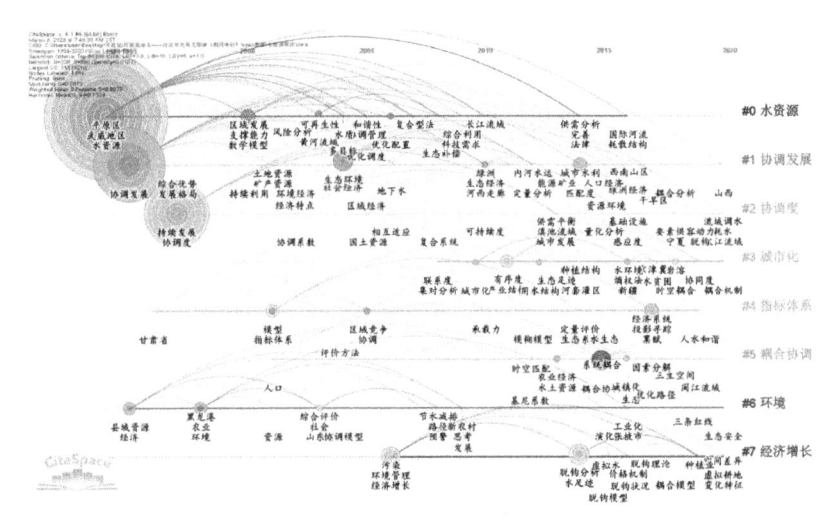

图 5.10   CNKI 水资源利用与经济发展协调评价研究关键词时间线图谱

①起步期(1994—2003 年),重点凸显水资源、水资源利用、持续发展、协调发展、指标体系等关键词。如朱玉仙等[25]从可持续发展内涵出发,构建了一套包含"总量-比例-强度"指标的水资源可持续开发利用综合评价指标体系;徐良芳等[26]指出了国内外水资源可持续利用评价指标体系研究不足,构建了一套包含"发展水平-协调水平-发展能力"指数的区域水资源可持续利用评价指标体系,并采用动态和静态相结合的方法对指标进行评价;冯耀龙等[27]提出了区域水资源系统可持续发展内涵,并构建了"目标层-准则层-指标层"层级结构的区域可持续发展评价指标体系,实证研究了天津市 1985—1998 年水资源系统可持续发展状况。

②成长期(2004—2011 年),重点凸显协调管理、协调模型、和谐性、经济增长、可持续度等关键词。如该领域核心作者盖美等[28]建立了水资源和社会经济协调发展度模型及其评价指标体系,实证研究了大连市 2001—2008 年水资源与社会经济发展的协调度,得出其协调度由严重失调衰退向中级失调衰退发展,进一步分析了不协调原因并提出相关建议;该领域核心作者邵金花、李德一等[29,30]从水资源量及其开发利用、区域社会经济发展和生态环境状况三个方面,选取了 7 类指标(人均水资源量、人均供水量、人均用水量、人均

GDP、人均耕地面积、灌溉覆盖率、单位面积产水量)建立评价指标体系,实证研究了烟台市、黑龙江省水资源与区域社会经济发展的协调度,得出烟台市水资源的支撑能力有一定的空间差异性,亟需加强水资源的合理配置及高效利用;黑龙江省水资源与社会经济发展的协调度空间差异较大,水资源时空分布不均、经济发展程度、生态环境用水是导致黑龙江水资源相对短缺的主要原因;孙丽萍等[31]从区域水资源与经济协调发展理念出发,构建了区域水资源与经济协调发展评价指标体系,并运用集对分析理论建立了区域水资源与经济协调发展的评价模型,该模型有助于深入研究水资源和工业经济的协调发展。

③发展期(2012—2020年),重点凸显耦合协调、人水和谐、水足迹、脱钩分析等关键词。众多学者从新的视角开展我国水资源利用与经济发展协调评价研究。如该领域核心作者左其亭等[32,33]提出了一种基于数列的时间和空间的匹配度计算方法,计算了我国不同省级行政区水资源利用与经济社会发展匹配度。同时,利用生态足迹模型计算了黄河沿线九省区的水资源生态足迹,并利用基尼系数和对数平均迪氏指数法,对水资源生态足迹进行分析;该领域核心作者吴丹等[34,35]构建了脱钩时态分析模型,评价中国水资源利用与经济发展脱钩态势,并从用水结构效应与用水效率效应两个维度,构建了经济发展与水资源利用的完全分解模型,系统剖析中国水资源利用与经济发展的内在机理;李景保等[36]应用灰色关联度和耦合协调模型,从时空层面对岳阳沿江地区产业结构与水资源利用耦合协调度进行评价;潘安娥、杨仁发等[37,38]分别对湖北、江西的水资源利用与经济协调发展状况进行了脱钩分析;张建清等[39]利用水足迹理论与方法,结合协调发展脱钩评价模型,评价分析了长江中游城市群水资源利用与经济增长之间的协调关系。常烃等[40]建立了水资源-经济-社会协调度分析模型,评价了2007—2016年京津冀地区水资源与经济、社会系统之间的耦合协调关系。

综上,国内外水资源利用与经济发展协调评价研究的演化阶段与图5.1及图5.2中的发文量变化态势相吻合。根据图5.9、图5.10和文献梳理可知,近三年该领域涉及"water resource management(水资源管理)"

"prediction(预测)""pattern(模型)""water footprint(水足迹)""黄河流域""京津冀""时空耦合""复合系统""耦合协调度模型"等研究热点词。从研究方法看,目前该领域研究主要涉及协调度评价法[28]、匹配度计算方法[32,33]、系统动力学[41]、熵变方程法[42]等方法。由图5.9及图5.10可知,近3年学者们主要应用耦合协调度模型从时间、空间两维度开展该领域研究,该方法已成为近年来该领域研究的主流模型。从模型建立看,主要涉及动态耦合模型[20]、投影寻踪评价模型[18]、综合协同演化模型[21]、随机多目标非线性规划模型[43]、广义回归神经网络模型[24]、结合系统动力学模型的耦合协调度模型[44]、耦合配位模型[45]、数据包络模型[46]等。从研究区域来看,水资源匮乏地区、生态环境脆弱地区、城市化发展进程加快地区以及各大流域均成为重点研究对象。未来,该领域应立足全球水资源问题,推动流域管理政策更迭的同时聚焦水资源-经济-生态-社会耦合发展系统,深入展开水资源利用与经济发展协调评价研究。

5.4 结论

水资源利用与经济发展协调评价作为国内外水资源管理领域的研究热点,自1994年开展至今已持续20多年。应用CiteSpace软件进行该领域研究的可视化分析发现,该领域发文量一定程度受国家水管理政策的影响,目前高校和研究机构、学者合作均呈现"小聚集、大分散"特征,河海大学商学院、中国社会科学院、湖南师范大学资源与环境科学学院现已成为该领域做出最大贡献的代表性高校机构,郭萍、成金华、牛文静、Vijay P. Singh、左其亭、吴丹、张先起、邵金花、盖美等学者为该领域的理论研究与实践探索做出了重要贡献,但该领域尚未形成较为广泛的研究合作网络。应用CiteSpace软件进行该领域研究的可视化分析具有较好的实践指导意义,主要表现为:①该领域研究主要聚焦于评价视角、评价维度、评价指标等方面,"water management""sustainability""model""system""coordination""water policy""水资源""协调发展""协调度""耦合协调度""水资源承载力""社会经济""指标体系""产业结构""时空耦合""复合系统"等成为近十年该领域的热点词,以"water footprint""water resource management""prediction""pattern""水足迹""城镇化""水土资源""水环境承载力"等关键词代表的研究主题将发展为新兴研究热点,用水驱动效应及其脱钩评价成为学术界研究的新兴领域。②研究表明,水资源系统与经济系统具有共生纽带关系,未来可将"共生理论"引入该领域研究中,探讨共生视角下水资源利用与经济发展协调机理,以形成一套较为完善的水资源利用与经济发展协调评价理论体系,并提出有效提升水资源利用与经济发展协调性的对策建议。

参考文献

[1] Chen C. CiteSpace Ⅱ: Detecting and visualizing emerging trends and transient patterns in scientific literature[J]. Journal of the American Society for Information Science and Technology, 2005,57(3):359-377.

[2] 陈悦,陈超美,刘则渊,等. CiteSpace 知识图谱的方法论功能[J]. 科学学研究, 2015,33(2):242-253.

[3] 刘光阳. CiteSpace 国内应用的传播轨迹——基于 2006—2015 年跨库数据的统计与可视化分析[J]. 图书情报知识,2017(2):60-74.

[4] 陈思源,陆丹丹,程海梅. 基于科技文本挖掘的我国水资源研究知识图谱分析[J]. 水文,2019,39(2):61-66.

[5] 黄雅丽,邓晓军. 基于 CiteSpace 的"水-能源-粮食"纽带关系研究进展[J]. 中国农业资源与区划,2020,41(9):172-181.

[6] 顾冬冬. 基于 CiteSpace 的农业水资源利用研究进展[J]. 新疆农垦经济,2020(4):84-92.

[7] 陈艳萍,朱瑾,吴凤平. 我国水权交易价格研究综述——基于 CiteSpace 的可视化图谱分析[J]. 水利经济,2020,38(4):60-67.

[8] 张亚如,张俊飚,张昭. 中国农业技术研究进展——基于 CiteSpace 的文献计量分析[J]. 中国科技论坛,2018(9):113-120.

[9] 丁学东. 文献计量学基础[G]. 北京:北京大学出版社,1993.

[10] 卢新元,张恒,王馨悦,等. 基于科学计量学的国内企业知识转移研究热点和前沿分析[J]. 情报科学,2019,37(3):169-176.

[11] Lange G. An approach to sustainable water management in Southern Africa using natural resource accounts: the experience in Namibia[J]. Ecological Economics,1998,26(3):299-311.

[12] Heikkila T. Institutional boundaries and common-pool resource management: a comparative analysis of water management programs in California[J]. Journal of Policy Analysis and Management,2004,23(1):97-117.

[13] Boxer B. Contradictions and challenges in China's water policy development[J]. Water International,2001,26(3):335-341.

[14] Professor S S A, Forestry C O W C, Yangling, et al. Comprehensive Assessment Models for Regional Water Resources Coordination with Society-economy and Environment[C]//International Commission of Agricultural Engineering(CIGR) International Conference. 2004.

[15] Du H, Zhang X, Wang B. Co-adaptation between modern oasis urbanization and water resources exploitation:A case of Urumqi[J]. Chinese Science Bulletin,2006(S1):189-195.

[16] Cazcarro I, Duarte R, Chóliz J S, et al. Environmental footprints and scenario analysis for assessing the impacts of the agri-food industry on a regional economy:a case study in Spain[J]. Journal of Industrial Ecology,2015,19(4):618-627.

[17] Han R, Zhao M. Evaluation on the coordination of economy and environment with scarce water resources in Shandong Peninsula, China[J]. Procedia Environmental Sciences,2012,13(C):2236-2245.

[18] Wang W, Feng Y J, Chen W F, et al. An evaluation method of water resources carrying capacity based on projection pursuit model [J]. Advanced Materials Research,2013,2262(652-654):1701-1706.

[19] Wheater H S, Gober P. Water security and the science agenda[J]. Water Resources Research,2015,51(7):5406-5424.

[20] Cheng K, Yao J, Ren Y. Evaluation of the coordinated development of regional water resource systems based on a dynamic coupling coordination model[J]. Water

Supply, 2019,19(2):565-573.

[21] Yao J, Wang G, Xue W, et al. Assessing the adaptability of water resources system in Shandong Province, China, using a novel comprehensive co-evolution model[J]. Water Resources Management, 2019,33(2):657-675.

[22] Fu Q,Meng F X,Li T X, et al. Cloud model-based analysis of regional sustainable water resource utilization schemes[J]. International Journal of Agricultural and Biological Engineering,2016,5(9):67-75.

[23] Luo Z, Zuo Q. Evaluating the coordinated development of social economy, water, and ecology in a heavily disturbed basin based on the distributed hydrology model and the harmony theory[J]. Journal of Hydrology, 2019,574:226-241.

[24] Liu Y, Wang T, Fang G, et al. Integrated prediction and evaluation of future urban water ecological sustainability from the perspective of water ecological footprint: a case study of Jinan, China[J]. 2018,10(27):6469-6477.

[25] 朱玉仙,黄义星,王丽杰. 水资源可持续开发利用综合评价方法[J]. 吉林大学学报(地球科学版),2002(1):55-57.

[26] 徐良芳,冯国章,刘俊民. 区域水资源可持续利用及其评价指标体系研究[J]. 西北农林科技大学学报(自然科学版),2002(2):119-122.

[27] 冯耀龙,练继建,韩文秀. 区域水资源系统可持续发展评价研究[J]. 水利水电技术,2001(12):9-11.

[28] 盖美,刘雷雷,耿雅冬. 大连市水资源与社会经济协调发展研究[J]. 资源开发与市场,2011,27(1):56-59.

[29] 邵金花,刘贤赵,李德一. 烟台水资源与社会经济可持续发展协调度分析[J]. 经济地理,2007(4):599-602.

[30] 李德一,张树文. 黑龙江省水资源与社会经济发展协调度评价[J]. 干旱区资源与环境,2010,24(4):8-11.

[31] 孙丽萍,吴光,李华东. 基于SPA的区域水资源与经济协调发展评价[J]. 安徽农业科学,2008(20):8822-8823.

[32] 左其亭,赵衡,马军霞,等. 水资源利用与经济社会发展匹配度计算方法及应用[J]. 水利水电科技进展,2014,34(6):1-6.

[33] 左其亭,姜龙,冯亚坤,等. 黄河沿线省区水资源生态足迹时空特征分析[J]. 灌溉

排水学报,2020,39(10):1-8.

[34] 吴丹.中国经济发展与水资源利用的演变态势、"脱钩"评价与机理分析——以中美对比分析为例[J].河海大学学报(哲学社会科学版),2016,18(1):47-53.

[35] 吴丹,李昂,张陈俊.双控行动下京津冀经济发展与水资源利用脱钩评价[J].中国人口·资源与环境,2021,31(3):150-160.

[36] 刘慧,李景保,李艺璇,等.湖南长江经济带产业结构与水资源利用耦合协调机制研究[J].湖南师范大学自然科学学报,2020,43(2):1-8.

[37] 潘安娥,陈丽.湖北省水资源利用与经济协调发展脱钩分析——基于水足迹视角[J].资源科学,2014,36(2):328-333.

[38] 杨仁发,汪涛武.江西省水资源利用与经济协调发展脱钩分析——基于虚拟水的视角[J].科技管理研究,2015,35(20):95-98.

[39] 李宁,张建清,王磊.基于水足迹法的长江中游城市群水资源利用与经济协调发展脱钩分析[J].中国人口·资源与环境,2017,27(11):202—208.

[40] 常烃,贾玉成.京津冀水资源与经济社会协调度分析[J].人民长江,2020,51(2):91-96.

[41] 孙建光,朱赛君.新疆绿洲经济协调发展的系统动力学仿真[J].生态经济,2016,32(8):57-62.

[42] 阚大学,吕连菊.中国城镇化和水资源利用的协调性分析——基于熵变方程法和状态协调度函数[J].中国农业资源与区划,2019,40(12):1-9.

[43] Li M, Fu Q, Guo P, et al. Stochastic multi-objective decision making for sustainable irrigation in a changing environment[J]. Journal of Cleaner Production, 2019,223:928-945.

[44] Cui D, Chen X, Xue Y, et al. An integrated approach to investigate the relationship of coupling coordination between social economy and water environment on urban scale-A case study of Kunming[J]. Journal of Environmental Management, 2019, 234:189-199.

[45] Xu W, Zhang X, Xu Q, et al. Study on the coupling coordination relationship between water-use efficiency and economic development[J]. Sustainability, 2020, 12(3):1246.

[46] Chen L, Lai F, Wang Y, et al. A two-stage network data envelopment analysis approach for measuring and decomposing environmental efficiency[J]. Computers & Industrial Engineering, 2018, 119: 388-403.

第六章

国内外水资源利用与产业结构协调发展研究可视化分析

区域经济发展离不开资源要素,其中水资源作为制约人类生存发展的必要资源,对于调整区域产业结构具有重要研究意义。当前我国迈入全面建设社会主义现代化的新阶段,经济高质量发展要求加快产业转型升级步伐,同时坚持环境保护和资源节约政策。在推进产业结构战略性调整的发展进程中研究如何高效配置水资源是实现水资源可持续利用的关键举措,也是提高人类社会可持续发展水平的重要手段。为此,本书以 WOS 核心数据库和 CNKI 核心数据库为平台,以 SSCI、SCI、EI、CSSCI、CSCD 和北大核心期刊为文献来源,以水资源利用与产业结构协调发展为主题条件,共获取 489 篇英文文献及 218 篇中文文献,借助 CiteSpace 可视化分析软件,开展国内外水资源利用与产业结构协调发展研究可视化分析,对于把握该学术领域研究热点与未来前景、丰富领域理论研究及深化领域实践探索均具有重要指导意义。

6.1 研究方法与数据来源

CiteSpace 是一款可用于绘制知识图谱的引文可视化分析软件,主要通过数据挖掘技术进行引文分析和共现分析,直观展现学科领域科学知识的结构、规律和分布情况,同时揭示学科领域的知识基础以及研究前沿[1]。基于 CiteSpace,处理检索文献数据,对发文学者和机构、关键词等关键信息绘制知识图谱[2],可视化展现 1995—2022 年国内外水资源利用与产业结构协调发展领域研究热点和趋势。首先,在 WOS 核心数据库中将搜索条件设定为"主题 = water use efficiency" and "主题 = industrial structure or industrial upgrading" and "主题 = coordination",将文献来源设定为 SSCI 及 SCI 期刊,获取 489 篇英文文献。其次,在 CNKI 核心数据库中将搜索条件设定为"主题=水资源利用"、"主题=产业结构或产业结构升级"及"主题=协调",将文献来源设定为 CSSCI、CSCD 和北大核心期刊,获取 218 篇中文文献。对检索文献进行适当删减后以不同格式分别导入 CiteSpace 6.1.R6 中完成数据准备。在 CiteSpace 6.1.R6 可视化软件中,设置时间切片数值,选择适宜算法,勾选相应图谱选项后依次绘制作者合作网络图谱、机构合作网络图谱、关键词共现网络图谱、关键词聚类图谱和关键词时间线图谱,以揭示国内外水资源利用与产业结构协调发展领域的研究进展。

6.2 文献计量分析

6.2.1 发文量时间分布

对比1995—2022年水资源利用与产业结构协调发展研究的WOS和CNKI发文量可知,1995—2008年该领域尚处于起步阶段,WOS和CNKI年均发文量均为3,呈现缓慢波动上升的趋势;2009—2016年该领域研究开始步入正轨,受到的学术关注度大幅上升,WOS年均发文量约为12,CNKI年均发文量约为10,2008—2012年间CNKI年发文量高于WOS年发文量,但自2013年开始,WOS年发文量反超CNKI,并在此后持续领先;2017—2022年该领域研究逐渐成熟,WOS年均发文量约为56,远高于CNKI年均发文量15,并于2021年达到峰值(见图6.1),2022年WOS发文量虽有回落但仍远超CNKI发文量。据近年发文量波动情况可知,该领域在未来仍具有丰富的学术研究价值。

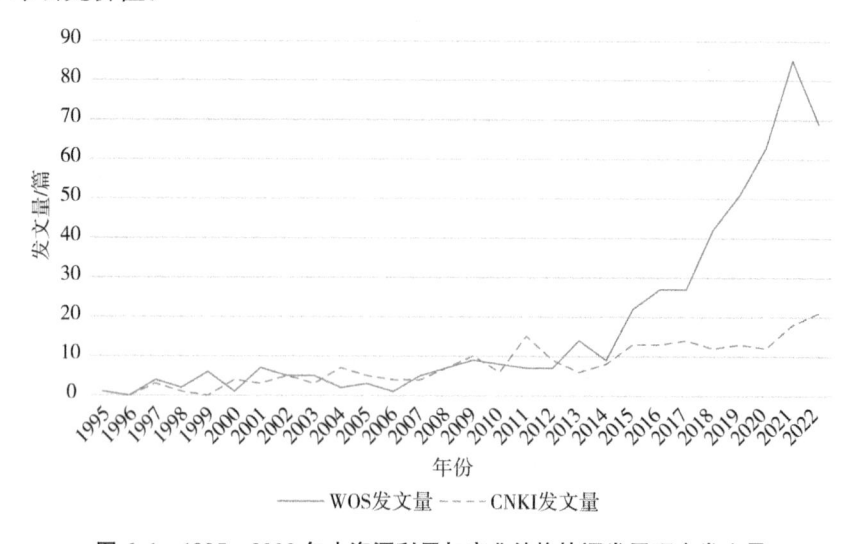

图 6.1　1995—2002年水资源利用与产业结构协调发展研究发文量

6.2.2 发文作者合作分析

通过对比作者发文频次与发文时间，可识别该领域核心作者。作者合作网络图中节点大小与作者发文频次成正比，节点间的连线则反映了作者间的合作关系，连线越粗说明合作越紧密[3]。基于合作网络可视化图谱可知，水资源利用与产业结构协调发展研究领域已形成了多个较为稳定的学者合作团队。WOS 该研究领域中学者合作紧密，包括以下合作团队：Zeng Chunfen-Wu Hao-Wei Yanan-Ma Xiaoxue-Wang Lachun-Li Na、Saxena Rani-Tiwari Atul-Joshi Suneel Kumar-Tripathi Shashi Kant、Huang Weichiao-Kan Daxue-Yao Wenqing-Lyu Lianju、Zhao Yong-Gao Xuerui-An Tingli-Lin Lixing、Yang Guoliang-Liu Kaidi-Yang Duogui、Cai Yanpeng-Zhou Ya、Wang Xiaojun-Zhang Jianyun、Deng Xiangzheng-Wang Zhan 等（见图 6.2）。据发文量及发文时间统计分析可知，Deng Xiangzheng-Wang Zhan 研究团队进入该领域较早并取得了丰硕的研究成果，是领域领军团队。据普莱斯定律[4]可知，公式 $m=0.749\sqrt{n_{\max}}$ 可用于界定领域核心作者群体，其中计算得出的 m 为领域核心作者的发文量下限，$n_{\max}$ 则表示该领域发文最多学者的发文量，代入数据计算可得 WOS 水资源利用与产业结构协调发展研究领域的核心作者最低发文量应为 2 篇。

CNKI 该研究领域中学者合作紧密程度低于 WOS，两人合作团队较多，包含少量多人合作团队，同时形成了核心学者团队。两人合作团队有：吴浩然-张强、薛惠锋-张峰、段学军-董雅文等；三人及以上团队有：李景保-王飞-陈晓-徐志-刘慧、金淑婷-李博-宋先松-石培基、白巴特尔-李和平-郑和祥-佟长福；核心学者团队为：吴丹-吴凤平-陈艳萍-张丽娜-庞庆华-石常峰-张陈俊（见图 6.3）。同样根据普莱斯定律计算出，CNKI 水资源利用与产业结构协调发展研究领域的核心作者最低发文量应为 3 篇。

结合 WOS 与 CNKI 水资源利用与产业结构协调发展研究领域的核心作者最低发文量标准，梳理文献得到发文量排名前十的领域核心作者群体表格（见表 6.1）。普莱斯定律[4]指出，核心作者群体的发文量合计应达到领域总

图 6.2　WOS 水资源利用与产业结构协调发展研究作者合作网络图

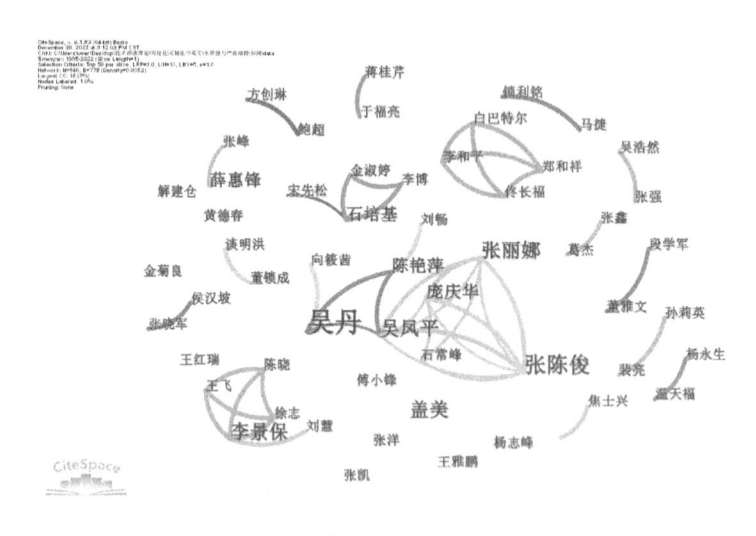

图 6.3　CNKI 水资源利用与产业结构协调发展研究作者合作网络图

发文量的 50% 及以上,计算可知 WOS 核心作者群体发文量合计为 119 篇,约占领域总发文量的 24.34%,CNKI 核心作者群体发文量合计为 41 篇,约占领域总发文量的 18.81%,均未能达到 50% 的标准,表明该研究领域尚未形成稳定的核心作者群体,未来亟需加强学者之间的交流,以提升领域影响力。

表 6.1　水资源利用与产业结构协调发展研究核心作者

WOS		CNKI	
发文量	核心作者	发文量	核心作者
5	Cai Yanpeng	8	吴丹
4	Yang Zhifeng	5	张陈俊
3	Wang Xiaojun	4	吴凤平
3	Deng Xiangzheng	4	李景保
3	Chen Bin	4	盖美
3	Wu Hao	4	张丽娜
2	Lyu Lianju	3	薛惠锋
2	Xie Yulei	3	庞庆华
2	Liu Kai di	3	陈艳萍
2	Zhao Yong	3	石培基

6.2.3　发文机构合作分析

针对水资源利用与产业结构协调发展研究，WOS 发文量排名前 10 的高校及专业研究院所均分布在中国地区，其中又以北京地区为主（见图 6.4），主要包括：Chinese Acad Sci（中国科学院）、Beijing Normal Univ（北京师范大学）、Hohai Univ（河海大学）、Univ Chinese Acad Sci（中国科学院大学）、Tsinghua Univ（清华大学）、China Univ Geosci（中国地质大学）、China Inst Water Resources & Hydropower Res（中国水利水电科学研究院）、Beijing Forestry Univ（北京林业大学）、Chinese Res Inst Environm Sci（中国环境科学研究院）、Beijing Inst Technol（北京理工大学）。据图 6.4 可知，WOS 中各研究机构联系紧密，形成了以中国科学院、北京师范大学和河海大学为中心的核心研究团队。

CNKI 中研究机构分布范围较广且节点间连线稀疏，发文量排名前 10 的机构主要包括：河海大学商学院、中国科学院地理科学与资源研究所、西北师范大学地理与环境科学学院、湖南师范大学资源与环境科学学院、北方工业大学经济管理学院、北京师范大学水科学研究院、河海大学规划与决策研究所、北京市水利规划设计研究院、中国航天系统科学与工程研究院、合肥工业

图 6.4　WOS 水资源利用与产业结构协调发展研究机构合作网络图谱

大学水资源与环境系统工程研究所(见图 6.5 和表 6.2)。河海大学作为开创中国高校水文研究的先行者，具备雄厚的师资力量与先进的科学设备，因而河海大学的发文量在该领域居于榜首。

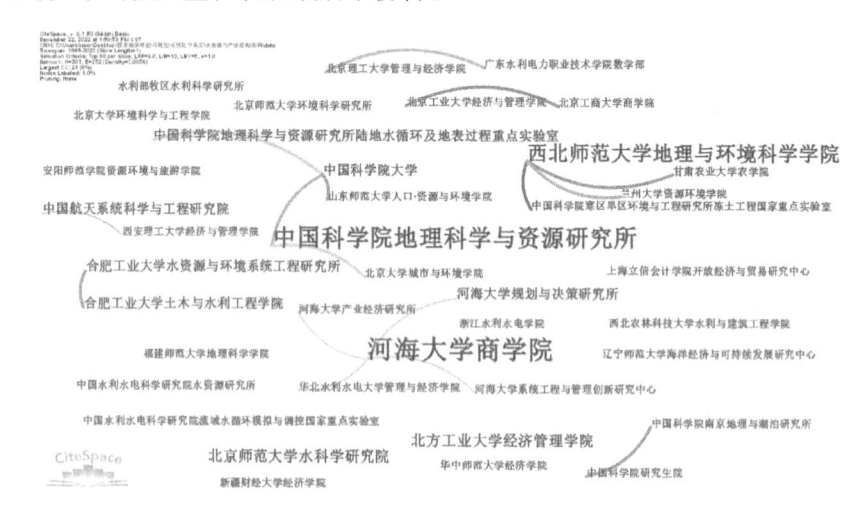

图 6.5　CNKI 水资源利用与产业结构协调发展研究机构合作网络图谱

据图 6.4 与图 6.5 分析可知该领域研究机构合作特征，WOS 中研究机构合作紧密度远高于 CNKI；WOS 中形成了以中国科学院、北京师范大学和河海大学为中心的核心合作团队,CNKI 目前尚未能形成领域核心合作团队。未来我国在该领域应加强研究机构之间的学术成果交流、共享优质学术资源以促进领域发展。

同时,对比 WOS 和 CNKI 的高校和专业研究院所发文量可知(见表6.2),WOS 中科研院所与高校的研究实力平分秋色,而 CNKI 中科研院所研究实力更强且更具竞争力。

表 6.2　水资源利用与产业结构协调发展研究发文量排名前 10 的机构　单位:篇

排序	WOS 研究机构	发文量	CNKI 研究机构	发文量
1	Chinese Acad Sci(中国科学院)	57	河海大学商学院	15
2	Beijing Normal Univ(北京师范大学)	35	中国科学院地理科学与资源研究所	12
3	Hohai Univ(河海大学)	26	西北师范大学地理与环境科学学院	8
4	Univ Chinese Acad Sci(中国科学院大学)	19	湖南师范大学资源与环境科学学院	5
5	Tsinghua Univ(清华大学)	14	北方工业大学经济管理学院	4
6	China Univ Geosci(中国地质大学)	11	北京师范大学水科学研究院	4
7	China Inst Water Resources & Hydropower Res(中国水利水电科学研究院)	9	河海大学规划与决策研究所	3
8	Beijing Forestry Univ(北京林业大学)	8	北京市水利规划设计研究院	3
9	Chinese Res Inst Environm Sci(中国环境科学研究院)	8	中国航天系统科学与工程研究院	3
10	Beijing Inst Technol(北京理工大学)	7	合肥工业大学水资源与环境系统工程研究所	3

6.3　研究热点分析

6.3.1　关键词共现网络

分析关键词共现网络图谱有利于在明确该领域研究热点问题的同时探究各重点关键词之间的潜在联系。节点年轮的厚度及字体大小与该关键词出现频次成正比,连线粗细与关键词共现于同一篇文献的频次成正比,连线颜色与图谱上方的年份区间相对应[5]。节点年轮颜色与是否为突现关键词有关,若节点以年轮为中心则说明该关键词为突现关键词。运用 CiteSpace 绘制 WOS 关键词共现网络图谱,如图 6.6 所示,共生成 513 个节点,2 236 条连线,网络密度为 0.017。由图 6.6 可知,1995—2022 年 WOS 该领域研究的热点关键词为 model(模型)、water resource(水资源)、climate change(气候变化)、industrial structure(产业结构)、water footprint(水足迹)、sustainable development(可持续发展)、data envelopment analysis(数据包络分析)及 input-output analysis(投入产出分析)等。

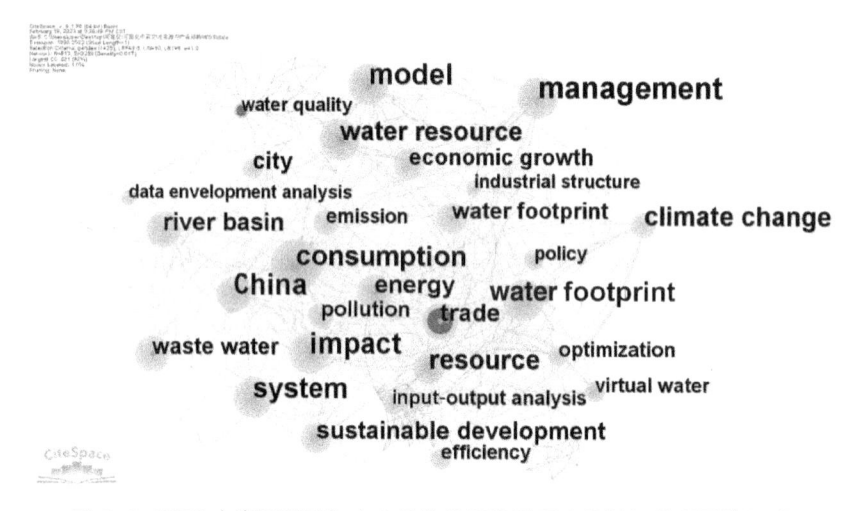

图 6.6 WOS 水资源利用与产业结构协调发展研究关键词共现网络图谱

同样运用 CiteSpace 绘制 CNKI 关键词共现网络图谱,如图 6.7 所示,共生成 313 个节点,648 条连线,网络密度为 0.013 3。由图 6.7 可知,1995—2022 年 CNKI 该领域研究的热点关键词为水环境、虚拟水、脱钩、耦合协调、用水结构、用水效率、产业升级、承载力及生态环境等。

以关键词共现网络图谱为基础整理高频关键词,分别选取 WOS 和 CNKI 中出现频次排名前 20 的关键词,如表 6.3 所示。WOS 重点关键词有:model、system、footprint、consumption、climate change、water resource、sustainable

图 6.7　CNKI 水资源利用与产业结构协调发展研究关键词共现网络图谱

development、trade、river basin、energy、city、sustainability 等。CNKI 重点关键词有：用水结构、水环境、协调发展、经济增长、水足迹、黄河流域、生态环境等。对比分析可知 WOS 水资源利用与产业结构协调发展研究领域中，水资源与产业结构的耦合关系研究、指标体系的构建及评价方法的选取研究、资源-环境-经济可持续发展研究等热点问题备受关注；CNKI 水资源利用与产业结构协调发展研究领域中，水资源与产业结构的耦合关系研究、水资源利用结构与效率研究、水资源-生态环境-经济发展的协调研究等热点问题备受关注。

表 6.3　水资源利用与产业结构协调发展研究重点关键词对比

排序	WOS		CNKI	
	重点关键词	频次	重点关键词	频次
1	management	49	产业结构	96
2	impact	48	水资源	70
3	model	46	用水结构	20
4	system	41	水环境	9
5	china	40	协调发展	8
6	footprint	37	经济增长	7
7	consumption	34	水足迹	6

续表

排序	WOS		CNKI	
	重点关键词	频次	重点关键词	频次
8	resource	31	黄河流域	6
9	climate change	30	经济发展	6
10	water resource	29	协调度	6
11	water	25	生态环境	6
12	sustainable development	24	产业升级	5
13	trade	24	用水效率	5
14	performance	22	虚拟水	5
15	river basin	22	北京市	5
16	energy	22	经济	4
17	city	20	耦合度	4
18	basin	19	山东省	4
19	growth	19	黑河流域	4
20	sustainability	18	榆林市	4

6.3.2 关键词聚类分析

基于关键词共现网络图谱,运用CiteSpace对文献数据进行聚类分析,分别得到WOS关键词聚类图与CNKI关键词聚类图(见图6.8及图6.9)。聚类模块值(Modularity)与聚类平均轮廓值(Silhouette)可用于判断聚类效果的好坏,聚类模块值大于0.3说明该聚类结构显著且边界清晰,平均轮廓值大于0.5说明该聚类结果合理,大于0.7说明该聚类结果是令人信服的[6]。由图6.8及图6.9可知,WOS该领域研究关键词聚类图谱的聚类模块值为0.791 6,平均轮廓值为0.624 6;CNKI该领域研究关键词聚类图谱的聚类模块值为0.918 3,平均轮廓值为0.734 9,聚类均结构显著且结果合理。聚类数字标签越小代表该聚类所包含的关键词越多,据图6.8及图6.9可知,WOS水资源利用与产业结构协调发展研究热点关键词共分为8个聚类,主要包括:"♯0 adsorption(优选)""♯1 water footprint(水足迹)""♯2 economic growth(经济增长)""♯3 catchment management(流域管理)""♯4 water use efficiency(水

第六章　国内外水资源利用与产业结构协调发展研究可视化分析

资源利用效率)""♯5 multi-objective programming(多目标规划)""♯6 system dynamics(系统动力学)""♯7 input-output analysis(投入产出分析)"。

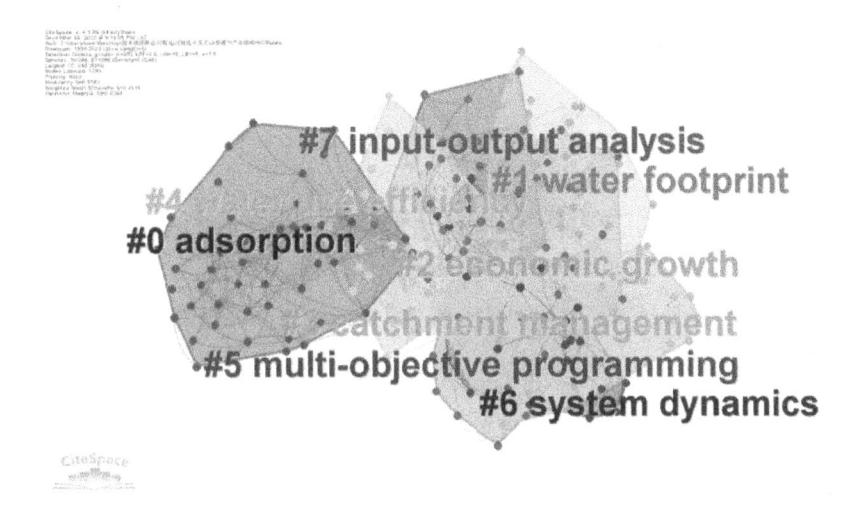

图 6.8　WOS 水资源利用与产业结构协调发展研究关键词聚类图谱

CNKI 水资源利用与产业结构协调发展研究热点关键词共分为 8 个聚类,主要包括:"♯0 用水结构""♯1 水资源""♯2 经济""♯3 经济增长""♯4 经济发展""♯5 相关分析""♯6 科技创新""♯7 用水效率"。

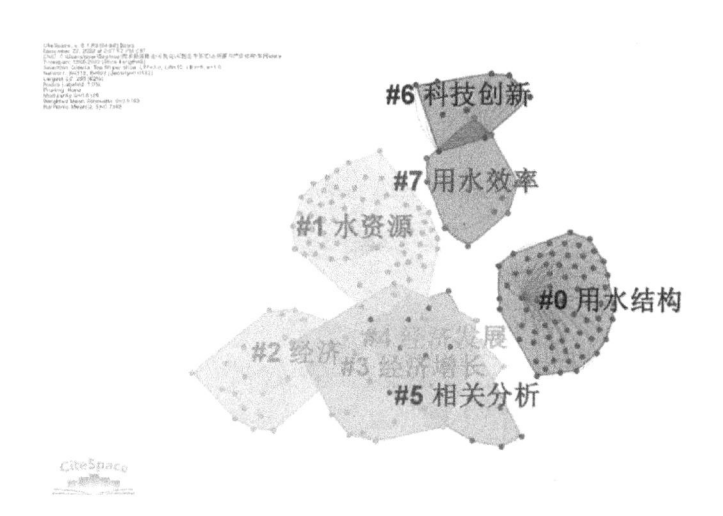

图 6.9　CNKI 水资源利用与产业结构协调发展研究关键词聚类图谱

结合高频关键词表格和聚类图谱，总结可知国内外水资源利用与产业结构协调发展领域热点研究问题集中在水资源利用效率与产业结构的相关性研究、协调关系综合评价、经济效益、科技效益与生态效益等方面。

6.4 研究演化路径分析

以关键词共现图谱与关键词聚类分析为基础，可深入探讨国内外水资源利用与产业结构协调发展领域热点关键词的时间演变趋势。利用CiteSpace可视化软件，分别得到WOS和CNKI水资源利用与产业结构协调发展研究领域的关键词时间线图（见图6.10及图6.11）。

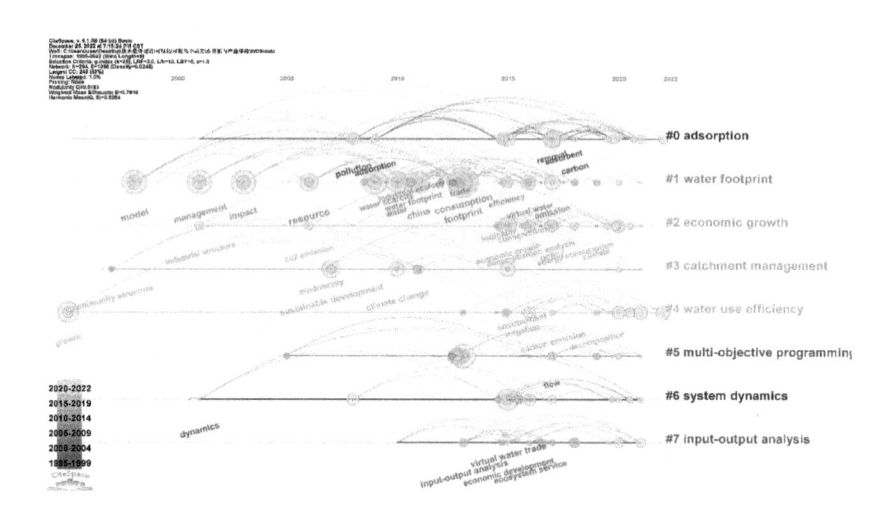

图6.10 WOS水资源利用与产业结构协调发展研究关键词时间线

结合检索文献分析图6.10可知，WOS水资源利用与产业结构协调发展领域研究热点可分为如下三个阶段：

①萌芽期（1995—2005年），该阶段的热点关键词有"model（模型）""management（管理）""industrial structure（产业结构）""dynamics（动态）"等。Dunglas[7]提出产业经济的迅速发展带来了水资源短缺和水污染等一系列问题，如何利用技术发展提升用水效率、优化产业结构成为亟需探讨的热

点;Russo 等[8]利用生命周期评价法评估温室农作物的水分利用效率以研究温室农业生产的环境可持续性;Liu 等[9]基于华北平原水资源过度开发问题,针对用水需求与地下水位的观测数据研究合理的地下水开采措施,结果表明加速产业升级以减少工业废水排放量是有效补救措施之一。

②成长期(2006—2014 年),该阶段的热点关键词有"resource(资源)""CO_2 emission(二氧化碳排放)""sustainable development(可持续发展)""pollution(污染)""climate change(气候变化)""industrial ecology(产业生态)""water scarcity(水安全)""water footprint(水足迹)"等。该阶段领域研究聚焦于水资源与产业结构协调可持续发展、水足迹理论。Ge 等[10]估算中国 2007 年各省人均水足迹,针对空间差异明显的水资源利用效率提出政府应在全国范围内加快产业结构调整的步伐;Han 等[11]对结合经济数据与自然资源数据的系统进行投入产出分析,同时详细分析了北京市虚拟水使用强度,研究表明除提高技术效率与用水效率外,调整产业结构与贸易政策对节水也具有重要意义;Zhu 等[12]利用脱钩弹性模型研究云南省和贵州省水资源利用与经济发展的脱钩关系,并深入探究影响脱钩关系强弱的因素,结果表明经济发展水平、用水效率与用水结构是影响云贵两省水资源利用与经济发展耦合协调的主要因素;Sapkota 等[13]考虑流域气候变化的影响,将生态用水需求纳入水资源分配体系中,应用新型流域规划模型分配流域水资源,并针对水资源预计短缺问题提出有效水管理方案,以实现可持续发展目标。

③发展期(2015—2022 年),该阶段的热点关键词有"efficiency(效率)""indicator(指标)""virtual water(虚拟水)""economic growth(经济增长)""decomposition analysis(分解分析)""energy consumption(能源消耗)""input-output analysis(投入产出分析)""ecosystem service(生态系统服务)"等。由此可知,该阶段领域研究聚焦于水资源利用与产业结构耦合系统分析方法。Chen 等[14]采用投入产出模型对中国各省水足迹与虚拟水进行定量估算,得出中国水足迹与虚拟水省际差异大的结论,深入探究具体原因后提出应加快促进产业升级以缓解水资源短缺问题;Zhong 等[15]构建能值指标框架评估洱海流域可持续性发展状况,研究表明调整产业结构、发展循环经济和

绿色农业可帮助洱海流域可持续性发展；Bao 等[16]利用完全分解模型量化研究 1997—2011 年中国 31 个省区市城市化对经济增长和水资源利用的驱动效应，结果表明城市化通过优化产业结构和提升用水效率缓解了城市用水压力；Shi 等[17]采用投入产出分析法将产业转型对用水效率的影响量化，实证研究得出西北地区产业转型提升了当地用水效率。

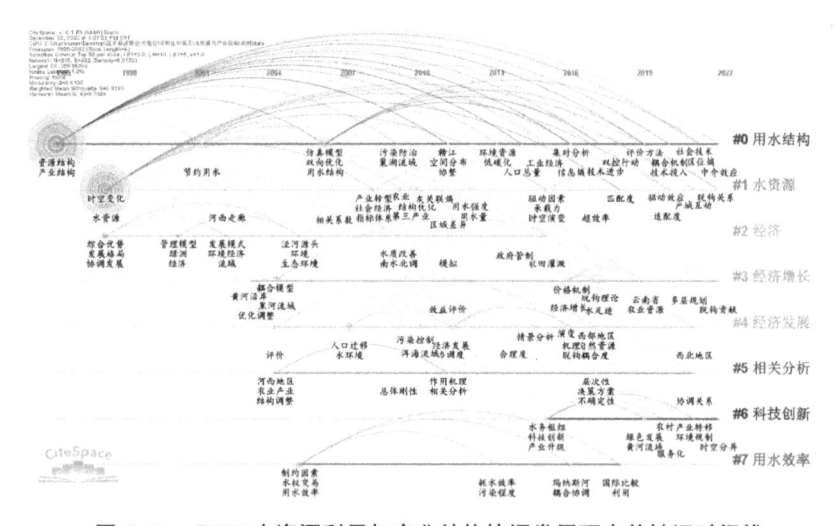

图 6.11　CNKI 水资源利用与产业结构协调发展研究关键词时间线

结合检索文献分析图 6.11 可知，CNKI 水资源利用与产业结构协调发展领域研究热点可分为如下三个阶段：

①萌芽期(1995—2004 年)，该阶段的热点关键词有"资源结构""产业结构""时空变化""协调发展""管理模型""发展模式""环境经济""流域""耦合模型""优化调整""农业产业""结构调整"等。由此可知，该阶段领域研究聚焦于产业结构优化如何实现水资源利用可持续发展、水资源-生态-经济发展的耦合模型。张勃等[18]通过分析黑河流域中游地区用水结构现状，提出基于当地水资源条件的产业结构模式以实现区域可持续发展；王海英等[19]以黄河沿岸经济带为例，深入剖析产业结构与水资源短缺的矛盾后提出应大力发展生态产业、构建节水型社会经济体系；方创琳等[20]以黑河流域为例，基于系统动力学建立水-生态-经济协调发展耦合模型，通过动态模拟和综合调试选取

最适宜流域经济发展、产业优化、生态保护及水资源高效利用的发展方案。

②成长期(2005—2014年)，该阶段的热点关键词有"仿真模型""指标体系""作用机理""效益评价""相关分析""双向优化""用水结构""生态环境""水环境""污染防治""环境资源""区域差异""产业转型"等。由此可知，该阶段领域研究聚焦于不同产业部门用水效率的分析、基于区域水资源条件研究产业结构优化、区域用水结构与产业结构的协调评价、生态理念下水资源利用与产业结构的协调分析。张晓军等[21]提出缺乏水资源的北京市亟需通过产业结构的调整来优化第三产业用水结构，研究基于第三产业万元GDP水耗的聚类分析，为北京市第三产业结构优化提出政策建议；王燕华[22]基于定量分析法分析北京市人口变化与用水总量、产业发展变化、不同用水途径水资源利用量、人均年用水量，得出控制人口增长与深化第三产业发展可实现北京市水资源利用可持续发展的结论；吴丹等[23]构建了基于水资源优化配置的区域产业结构动态演化模型，以促进区域水资源可持续利用；刘慧敏等[24]选取行业用水水平、可持续发展水平、居民生活用水水平为用水结构评价指标，以产业结构高度化水平、区域科技发展水平、对外开放水平、能耗水平为产业结构评价指标，构建协调评价指标体系，并建立耦合协调模型测算分析，研究表明我国水资源富足地区亟待产业升级与提升用水结构合理化；翟远征等[25]通过对北京市用水结构演变的研究，探讨水资源利用发展规划对产业结构优化及环境压力缓解的重要意义。

③发展期(2015—2022年)，该阶段的热点关键词有"双控行动""环境规制""绿色发展""技术进步""科技创新""产业升级""农村产业转移""工业经济""服务化""经济增长""评价方法""脱钩理论""耦合机制"等。通过丰富理论研究、积累实践探索经验，现阶段众多学者开发了水资源利用与产业结构优化协调评价研究的新视角。如领域核心作者吴丹[26-28]构建双层优化配置模型和双层诊断准则以破解京津冀水资源与产业结构优化适配难题，构建主从递阶双层优化模型以实现京津冀水资源产业优化配置，构建脱钩时态分析模型以对比探究中美两国水资源利用与经济发展的内在机理；领域核心作者张陈俊[29-31]立足弹性，构建水资源与产业结构高级化的适配度测算指标，为

产业经济-水生态效益的偏差测度提供新思路的同时根据测算结果对长江流域、汉江流域城市群提供产业结构高级化的政策建议；吴浩然等[32]基于中国2004—2015年间的省际面板数据，运用超效率DEA模型与面板修正误差模型研究水资源利用与产业结构演化的关系；李景保等[33]采用灰色关联度模型和耦合协调模型研究湖南长江经济带水资源利用与产业结构耦合协调机制；张黎鸣等[34]采用数据包络分析法探究资源型地区产业结构优化是否对水资源利用效率产生影响。

对比分析WOS与CNKI水资源利用与产业结构协调发展领域研究热点演化脉络可得出以下结论：从研究区域看，该领域研究多集中于水资源短缺与生态脆弱地区；从研究方法看，该领域研究方法多元化，主要有层次分析法[24]、熵值法[35]、成分数据回归建模法[36]、数据包络分析法[34]、相关分析法[37]、灰色关联分析法[38]、投入产出分析法[11,13,17]、计量经济学方法[39]、脱钩分析法[12,26]；从研究内容看，该领域研究重点关注用水结构与产业结构的内在作用机制分析、产业升级对水资源利用效率的影响。据时间线图谱近年总结可知，未来该领域前沿研究为基于脱钩理论的水资源利用与产业转型协调发展评价。

6.5 结论

水资源利用与产业结构协调发展关系研究自1995年开展至今已29年，作为水资源管理领域与经济高质量发展领域交叉研究的热点内容备受领域学者关注。通过CiteSpace 6.1.R6软件分别对1995—2022年WOS核心数据库收录的489篇英文文献和CNKI核心数据库收录的218篇中文文献进行科学可视化研究，结合检索文献系统梳理该学术领域的文献计量特征与热点演化脉络，得出以下结论：①从发文量来看，该领域发文量前期增长缓慢，自2014年开始急剧增长，探究可知文献发表的时间分布与国家政策紧密相关；②从发文作者和发文机构来看，WOS与CNKI领域作者间皆合作紧密，现已形成核心研究团队；WOS研究机构间的合作紧密度远大于CNKI研究机构间的合作紧密度,未来 CNKI 研究机构需要加强资源共享程度,以提升领域研究综合实力;③分析关键词共现图谱及聚类图谱可知,该领域研究主要集中在水资源利用效率与产业结构的相关性研究、协调关系综合评价、经济效益、科技效益与生态效益等方面;④从研究热点演化路径来看,"脱钩理论""耦合机制""环境规制""协调关系"等关键词处于该领域研究前沿,领域学者未来可据以上热点关键词深化拓展相关研究。系统梳理国内外水资源与产业结构协调发展研究的关键热点与演化趋势,可推进该学术领域研究深化。

参考文献

[1] Chen C. CiteSpace II: Detecting and visualizing emerging trends and transient patterns in scientific literature[J]. Journal of the American Society for Information Science and Technology, 2005,57(3):359-377.

[2] Chen C. Searching for intellectual turning points: progressive knowledge domain visualization.[J]. Proceedings of the National Academy of Sciences of the United States of America, 2004,101 Suppl 1:5303-5310.

[3] Chen C, Ibekwe-SanJuan F, Hou J. The structure and dynamics of cocitation clusters: A multiple-perspective cocitation analysis[J]. Journal of the American Society for Information Science and Technology, 2010,61(7):1386-1409.

[4] 丁学东. 文献计量学基础[M]. 北京:北京大学出版社,1993.

[5] 赵蓉英,许丽敏. 文献计量学发展演进与研究前沿的知识图谱探析[J]. 中国图书馆学报,2010,36(5):60-68.

[6] 陈悦,陈超美,刘则渊,等. CiteSpace 知识图谱的方法论功能[J]. 科学学研究,2015,33(2):242-253.

[7] Dunglas J. Is technology capable of solving everything ? [J]. La Houille Blanche, 2000,2:29-38.

[8] Russo G, Mugnozza G S. Lca methodology applied to various typology of greenhouses [J]. Acta Horticulturae, 2005,691(691):837-844.

[9] Liu C, Yu J, Kendy E. Groundwater exploitation and its impact on the environment

in the North China Plain[J]. Water International, 2001,26(2):265-272.

[10] Ge L, Xie G, Zhang C, et al. An evaluation of China's water footprint[J]. Water Resources Management, 2011,25(10):2633-2647.

[11] Han M, Guo S, Chen H, et al. Local-scale systems input-output analysis of embodied water for the Beijing economy in 2007[J]. Frontiers of Earth Science, 2014,8(3):414-426.

[12] Zhu H, Li W, Yu J, et al. An analysis of decoupling relationships of water uses and economic development in the two provinces of Yunnan and Guizhou during the first ten years of implementing the great western development strategy[J]. Procedia Environmental Sciences, 2013,18(C):864-870.

[13] Sapkota P, Bharati L, Gurung P, et al. Environmentally sustainable management of water demands under changing climate conditions in the Upper Ganges Basin, India [J]. Hydrological Processes, 2013,27(15):2197-2208.

[14] Chen W, Wu S, Lei Y, et al. China's water footprint by province, and inter-provincial transfer of virtual water[J]. Ecological Indicators, 2017,74:321-333.

[15] Zhong S, Geng Y, Kong H, et al. Emergy-based sustainability evaluation of Erhai Lake Basin in China[J]. Journal of Cleaner Production, 2018,178:142-153.

[16] Bao C, Chen X. The driving effects of urbanization on economic growth and water use change in China: A provincial-level analysis in 1997 – 2011[J]. Journal of Geographical Sciences, 2015,25(5):530-544.

[17] Shi Q, Chen S, Shi C, et al. The impact of industrial transformation on water use efficiency in Northwest region of China[J]. Sustainability, 2014,7(1):56-74.

[18] 张勃, 张凯. 水资源约束条件下的干旱区产业结构态势分析——以黑河流域中游地区为例[J]. 地域研究与开发, 2004(5):112-115.

[19] 王海英, 董锁成, 尤飞. 黄河沿岸地带水资源约束下的产业结构优化与调整研究[J]. 中国人口·资源与环境, 2003(2):82-86.

[20] 方创琳, 步伟娜, 鲍超. 黑河流域水-生态-经济协调发展方案及用水效益[J]. 生态学报, 2004(8):1701-1709.

[21] 张晓军, 侯汉坡, 吴雁军. 基于水资源利用的北京市第三产业结构优化研究[J]. 北京交通大学学报(社会科学版), 2010,9(1):19-23.

[22] 王燕华. 北京市人口变动及产业结构调整对水资源利用的影响[J]. 中国水土保持科学, 2014, 12(3):48-52.

[23] 王福林, 吴丹. 基于水资源优化配置的区域产业结构动态演化模型[J]. 软科学, 2009, 23(5):92-96.

[24] 刘慧敏, 周戎星, 于艳青, 等. 我国区域用水结构与产业结构的协调评价[J]. 水电能源科学, 2013, 31(9):159-163.

[25] 翟远征, 王金生, 郑洁琼, 等. 北京市近30年用水结构演变及驱动力[J]. 自然资源学报, 2011, 26(4):635-643.

[26] 吴丹. 中国经济发展与水资源利用的演变态势、"脱钩"评价与机理分析——以中美对比分析为例[J]. 河海大学学报(哲学社会科学版), 2016, 18(1):47-53.

[27] 吴丹, 向筱茜. 基于双层诊断准则的京津冀水资源与产业结构优化适配方法[J]. 中国人口·资源与环境, 2022, 32(4):154-163.

[28] 吴丹, 向筱茜, 冀晨辉. 京津冀水资源与产业结构优化适配模型[J]. 水利水电科技进展, 2022, 42(2):20-26.

[29] 张丽娜, 吴凤平, 张陈俊, 等. 流域水资源消耗结构与产业结构高级化适配性研究[J]. 系统工程理论与实践, 2020, 40(11):3009-3018.

[30] 张丽娜, 曹逸文, 庞庆华, 等. 产业结构高级化对区域用水总量时空差异的驱动效应研究[J]. 软科学, 2020, 34(7):1-7.

[31] 张丽娜, 徐洁, 庞庆华, 等. 水资源与产业结构高级化的适配度时空差异及动态演变[J]. 自然资源学报, 2021, 36(8):2113-2124.

[32] 吴浩然, 张强. 水资源利用与产业结构演进的关系检验——基于超效DEA和PECM的分析[J]. 数学的实践与认识, 2017, 47(22):84-88.

[33] 刘慧, 李景保, 李艺璇, 等. 湖南长江经济带产业结构与水资源利用耦合协调机制研究[J]. 湖南师范大学自然科学学报, 2020, 43(2):1-8.

[34] 张黎鸣, 王红瑞, 潘成忠, 等. 资源型地区产业结构调整对水资源利用效率影响的实证分析——来自中国10个资源型省份的经验证据[J]. 北京师范大学学报(自然科学版), 2021, 57(3):353-362.

[35] 焦士兴, 王腊春, 李静, 等. 基于生态位及其熵值模型的用水结构研究——以河南省安阳市为例[J]. 资源科学, 2011, 33(12):2248-2254.

[36] 王惠文, 黄薇. 成分数据的线性回归模型[J]. 系统工程, 2003(2):102-106.

[37] 雷社平,解建仓,阮本清.产业结构与水资源相关分析理论及其实证[J].运筹与管理,2004(1):100-105.

[38] 许凤冉,陈林涛,张春玲,等.北京市产业结构调整与用水量关系的研究[J].中国水利水电科学研究院学报,2005(4):258-263.

[39] Reynaud A. An econometric estimation of industrial water demand in France[J]. Environmental and Resource Economics,2003,25(2):213-232.

第七章

国内外流域水资源配置方法
研究可视化分析

流域水资源配置研究始于1953年的美国密苏里河流域水库运行调度。自20世纪60年代,我国学者和水利工作者开始逐渐关注流域水资源配置研究领域。完善水资源合理配置与高效利用体系、水资源保护与河湖健康保障体系,是推动我国流域生态保护和高质量发展的重大国策。流域水资源配置是保障流域经济安全、民生安全和生态安全的重要调节手段,重在协调水资源、经济社会与生态环境等要素的关系,促进流域水资源可持续利用与经济高质量发展。国民经济和社会发展"十三五"规划强调,贯彻落实新发展理念,全面节约和高效利用资源,强化最严格水资源管理制度约束与实施双控行动,坚持以水定城、以水定地、以水定人、以水定产的"四水四定"治水原则,推动经济社会发展方式战略转型。这充分体现了新时期国家对经济高质量发展的战略需求和水资源管理制度安排。"十三五"期间,《"十三五"水资源消耗总量和强度双控行动方案》《国家节水行动方案》《重点流域水污染防治规划(2016—2020年)》等政策文件相继出台实施,确立了坚持双控行动与转变经济发展方式相结合原则,破解流域水资源配置利用与经济发展适应性难题。至2022年7月25日,全国计划开展水量分配的94条跨省重要江河已累计批复74条。同时,水利部指导督促各省份累计批复346条跨地市江河流域水量分配方案,并将进一步加大江河流域水量分配工作推进力度,强化水量分配方案实施监管,为全面贯彻落实"四水四定"原则提供重要支撑。2022年9月,水利部印发《关于强化流域水资源统一管理工作的意见》强调深入贯彻落实"节水优先、空间均衡、系统治理、两手发力"治水思路,以流域水资源可持续利用为目标,着力提升水资源集约节约利用能力、水资源优化配置能力、流域生态保护治理能力,为经济高质量发展提供有力支撑。并明确了强化流域水资源统一管理的三大重点任务:合理配置经济社会发展和生态用水、强化水资源统一监管、推动水生态保护治理。因此,流域水资源配置研究仍是新时代流域水资源统一管理工作的关注重点。把握流域水资源配置方法研究进展,有利于深化流域水资源配置研究。为此,基于CiteSpace可视化软件,通过数据挖掘,对中英文文献中研究机构与团队、关键词等关键信息绘制图谱,可视化展现1990—2022年流域水资源配置研究,综述流域水资源配置方法研究,为进一步开展流域水资源配置的理论研究与实践探索提供借鉴参考。

7.1 研究方法与数据来源

CiteSpace 是绘制知识图谱的主流研究工具之一,能够将一个知识领域的演进历程和文献之间的关系以科学知识图谱的方式展现出来,主要从文献年度发文量、主要作者、主要发文机构、关键词和关键词聚类5个维度出发,生成共现网络、关键词和关键词时间线等知识图谱。基于 CiteSpace 软件并采用文献计量法,对 WOS 核心数据库和 CNKI 核心数据库检索的 1990—2022 年文献进行可视化分析。通过关键词共现图谱和关键词时间线图谱,明晰流域水资源配置研究思路和阶段演变,综述流域水资源配置方法。

为确保数据来源文献具有代表性、可靠性和一致性,一方面,以"water resources allocation""water resources configuration"和"basin"为 WOS 的检索主题,索引选择其中的 SCI、SSCI 和 A&HCI 期刊,检查所有摘要并剔除不相关文献,获得文献共 200 篇。另一方面,以"水资源配置""水资源分配"和"流域"为 CNKI 的检索主题,索引选择其中的 EI、CSSCI、CSCD 和核心期刊,剔除访谈记录、会议纪要、培训或会议通知等非研究论文类条目,获得文献共 479 篇。

7.2 流域水资源配置研究可视化分析

1992 年,都柏林召开水与环境国际会议,提出了水资源规划和实施中的参与性原则。2000 年之前,流域水资源配置研究并未引起国际社会的广泛关注,WOS 和 CNKI 年发文量均较少。自 2000 年开始,该领域研究 CNKI 年发文量开始呈现快速增长态势,但 WOS 年发文量仍相对较少,CNKI 年发文量明显高于 WOS(见图 7.1)。

根据图 7.1 可知,2005 年之后,该领域研究作为热点主题受到了学者们

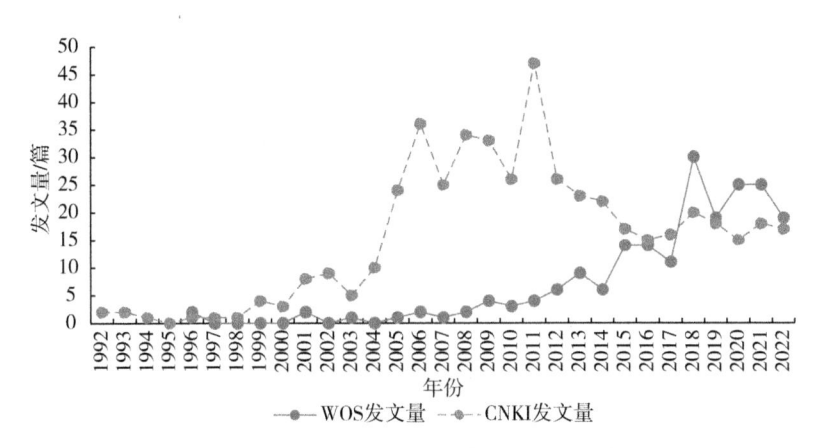

图 7.1　1990—2022 年流域水资源配置研究发文量

的持续关注，发文量明显增加。2005—2011 年，CNKI 发文量呈现波动上升趋势，并于 2011 年达到顶峰，且 2011 年发文量较 2010 年激增。究其原因，2010 年中央一号文件以水利为主题，提出了加快水利改革发展的决定，使得该领域研究备受学界关注。2012—2021 年，CNKI 发文量逐步下降并趋于平稳。2012—2022 年，该领域研究 WOS 发文量增长较为明显，且呈持续攀升态势，并于 2018 年高于 CNKI 年发文量。总体来看，1990—2022 年，WOS 发文量呈现逐步增加的发展态势。CNKI 发文量主要可划分为四个阶段：起步期（1990—2005 年），发文量较少；成长期（2006—2010 年），发文量快速增加；发展期（2011—2015 年），发文量较多但逐渐减少；成熟期（2016—2022 年），发文量较为稳定。未来流域水资源配置研究仍将为全球研究热点。

7.2.1　研究机构与团队

针对流域水资源配置的研究，WOS 核心研究机构主要集中在中国，包括中国水利水电科学研究院、河海大学、中国科学院、武汉大学、北京师范大学、中国农业大学和华北电力大学。同时涉及少量的国外核心研究机构，如 University of Regina（加拿大里贾纳大学）、Texas A&M University（美国得克萨斯农工大学）、University of Tehran（伊朗德黑兰大学）和 Shahid Beheshti University（伊朗沙希德·贝赫什提大学）。CNKI 核心研究机构主要包括中国水利水电科学研究院、河海大学水文水资源与水利工程科学国家重点实验室、中国科学院、武汉大学水资源与水电工程科学国家重点实验室等（见图 7.2）。中国水利水电科学研究院、河海大学对该领域研究的贡献最为突出。

(a) WOS

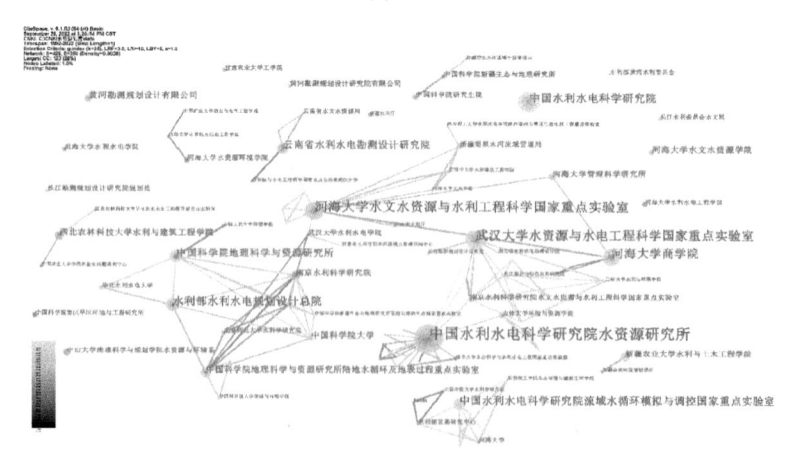

(b) CNKI

图 7.2 1990—2022 年流域水资源配置研究的研究机构共现网络图谱

基于 CiteSpace 的寻径算法优化合作网络发现[1]，WOS 核心研究团队包括 Texas A&M University 的 Haw Yen 和 Prasad Daggupati 团队、

University of Tehran 的 Kerchina R. 和 Poorsepahy-Samian H. 团队、Shahid Beheshti University 的 Hourian M. 和 Jalal Attari 团队、武汉大学的郭生练团队、北京师范大学的黄国和与李永平团队、中国农业大学的郭萍团队等。CNKI 核心研究团队包括中国水利水电科学研究院的王浩团队、河海大学的王慧敏团队、中国科学院的刘昌明团队、武汉大学的夏军团队、郑州大学的左其亭团队、黄河水利委员会的王煜团队等（见图 7.3）。依据图 7.3 可知，该领域研究已经形成了较为稳定的核心研究团队，形成了内部合作密集的研究群体。

(a) WOS

(b) CNKI

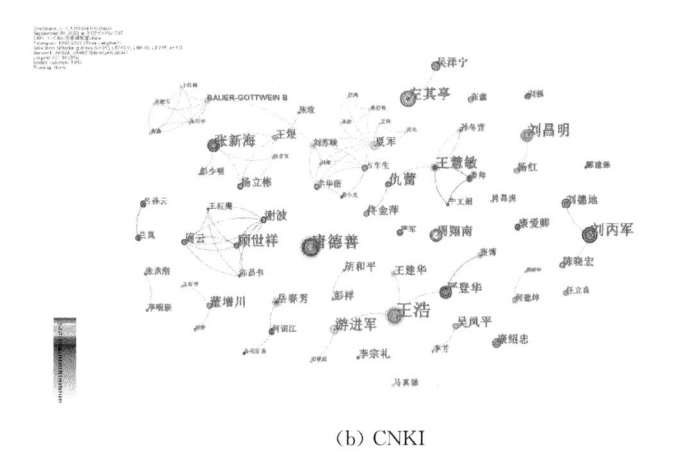

图 7.3　1990—2022 年流域水资源配置研究的团队共现网络图谱

7.2.2 关键词

根据 WOS 和 CNKI 检索结果关键词共现网络图谱可知，WOS 热点关键词包括 water resources allocation（水资源配置）、management（管理）、model（模型）、optimization（优化）、climate change（气候变化）、system（系统）、river basin（流域）、uncertainty（不确定性）、simulation（模拟）、impact（影响）；长江流域、黄河流域、水权、优化配置、生态环境、合理配置、博弈论、南水北调成为 CNKI 热点关键词（见图 7.4）。

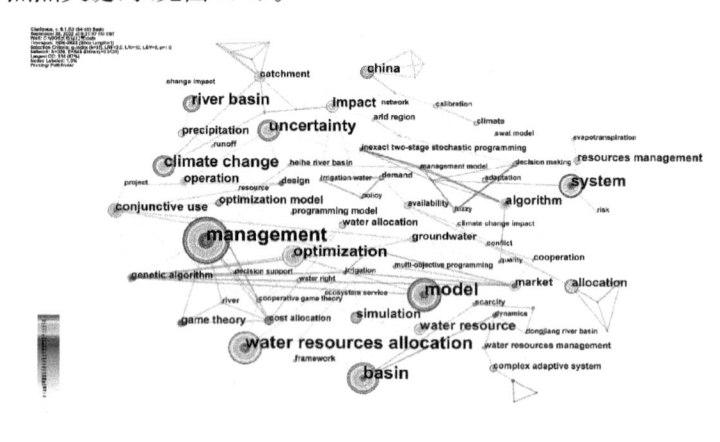

(a) WOS

(b) CNKI

图 7.4　1990—2022 年流域水资源配置研究的关键词共现网络图谱

根据 WOS 和 CNKI 检索结果关键词时间线图谱可知，流域水资源配置方法研究重点聚焦于水资源配置思路和模型，指导水资源配置实践。水资源配置思路明确了水资源配置目标与原则，充分体现了水资源利益相关者的利益交互。水资源配置模型以水资源配置思路为依托进行构建[2]（见图 7.5）。

(a) WOS

(b) CNKI

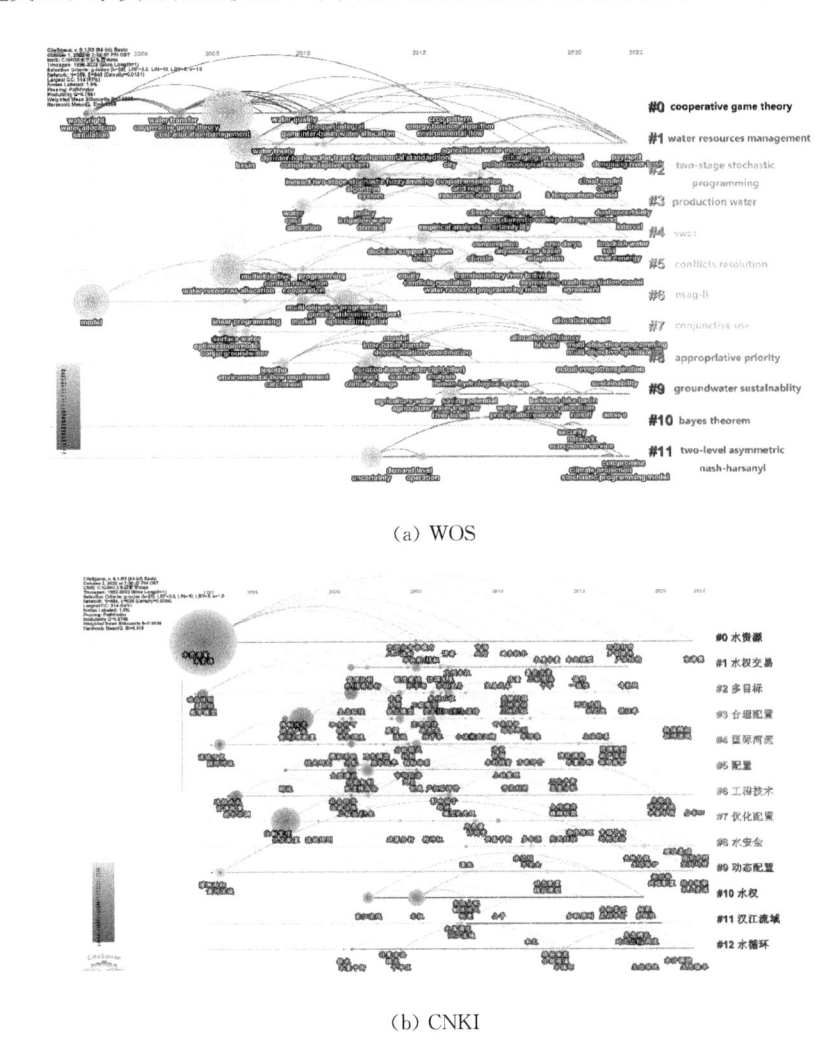

图 7.5　1990—2022 年流域水资源配置研究的关键词时间线图谱

依据图 7.1 的发文量和图 7.5 的关键词时间线图谱，流域水资源配置研究的阶段演变可表述为：1990—2005 年，重点聚焦于统筹体现社会公平、经济效益、生态保护等多维目标,应用水资源系统模拟仿真技术,进行多目标耦合配置。2005—2010年,深化多目标耦合配置研究,重点聚焦于促进水资源与经济社会生态协调发展,从"以水量分配为主"转为"水量水质耦合配置",进行水资源利益相关者交互配置。2010—2015年,深化水资源利益相关者交互配置研究,重点聚焦于加强用水总量调控,通过水权交易加快推进产业结构优化升级,进行产业结构优化配置,优化产业用水结构和提高用水效率。2015—2022年,深化产业结构优化配置研究,重点聚焦于应对气候变化挑战,积极探索水资源适应性配置方法,提升流域水资源适应性配置能力。为此,可将流域水资源配置方法归为四大类:水资源多目标耦合系统配置方法、水资源利益相关者交互配置方法、水资源调控的产业结构优化配置方法、应对气候变化挑战的水资源适应性配置方法。

7.3 流域水资源配置方法研究综述

7.3.1 水资源多目标耦合系统配置方法

流域水资源配置方法起源于流域水库运行调度,美国密苏里河流域较早应用水资源系统模拟仿真技术开展了水库运行调度[3]。学者Georgakakos等[4]提出了采用数学模型确定水库系统实时调度规则。依据图7.4和图7.5的关键词图谱可知,随着计算机技术和系统分析理论的发展和应用,为统筹体现社会公平、经济效益、生态保护目标,国际社会提出将水资源系统模拟仿真技术与多目标优化模型进行耦合,构建水资源多目标耦合系统配置方法,开展流域水资源配置研究[7]。如Haimes[5]采用多层次管理技术构建了地下水库联合调度配置模型;Condon等[6]将水资源模型与水文、经济模型进行耦合,构建了智利Maipo流域水资源-经济-水文配置模型;Van Campenhout等[8]建立了引入基尼系数和条件风险价值的水资源优化配置模型,加强风险控制和体现社会公平;Dadmand等[9]建立了缺水条件下伊朗东北部马什哈德市水资源优化配置的鲁棒模糊随机规划模型,实现不同消费部门缺水损失最小、利润最大化目标。

借鉴国际经验,我国流域水资源配置实践与理论得到持续创新发展,流域水资源多目标耦合系统配置方法日趋成熟。如夏军等[10]构建了水文-水质-水生态-水资源系统配置模型,依据区域供用水结构特征与用水需求,对水资源配置规则进行灵活调整;谢新民等[11]构建了水资源优化配置-地下水可开采量动态计算-地下水"取水总量与水位"双控计算耦合的配置模型;王磊等[12]利用计算机技术,从水源、空间和结构三方面明确了石羊河流域水资源配置规则;左其亭等[13]基于 MIKE BASIN 软件,提出了沙颍河流域水资源系统模拟配置模型。同时,学界依据"生活用水优先、粮食安全保障、生态保护、尊重历史与现状、可持续发展"等配置原则,通过流域社会、经济、资源、环境等多因素判断,采用区间直觉模糊群决策、多目标优化等模型,构建了流域水资源配置方案优化模型[14]、区域水资源多目标优化模型[15],实现流域水资源多目标耦合系统配置。此外,多主体系统仿真[16]、供应链管理[17]、多阶段规划[18]等技术方法广泛应用于跨流域水资源配置,兼顾优先调度效应与协调利益主体需求。

7.3.2 水资源利益相关者交互配置方法

依据图 7.4 和图 7.5 的关键词图谱可知,随着流域水资源配置研究的深化,国外该领域的研究从"以水量分配为主"转为"水量水质耦合配置"。不同于以经济效益最大化为目标,流域水资源配置方法更加重视水资源与经济社会生态协调发展,统筹考虑地表水、地下水和污水再生利用,以及不同部门的水质要求。依托水资源与经济社会生态协调发展思路,国际社会在统筹体现多维目标的同时,构建了水资源利益相关者交互的流域水资源配置方法,反映水资源利益相关者的利益诉求,充分体现社会公平,促进流域生态环境与经济协调发展。如 Xevi[19]构建了将地下水模拟和经济社会多目标优化进行耦合的配置模型,统筹不同时空的供水-地下水水质-生态经济综合目标;Wang 等[20]构建了荒地流域合作式水资源配置模型,实现水资源高效利用与经济生态协调发展;Zhang 等[21]构建了流域水量水质耦合与经济生态协调配置模型,保障流域水循环过程和污染物迁移;Xie 等[22]建立了利益相关者交互的区间两阶段规划模型,应对水资源系统变化;Read 等[23]构建了经济学权力指数配置模型,模拟水资源利益相关者谈判过程,提高水资源配置方案稳定性和可行性;Liu 等[24]建立了澜沧江-湄公河跨国多主体合作的模糊联盟博弈模型,体现各国季节性用水需求特征与净效用差异;Feng 等[25]构建了不确定条件下水资源-经济-社会-环境耦合的配置模型,实现多目标动态均衡。

立足我国国情与水情,我国流域水资源配置实现从"以需定供"和"以供定需"到"供需平衡"、再到"以水定需"配置方式的转变[26-27]。刘昌明等[28]通过流域水量水质耦合配置,推进流域水资源利用与经济社会生态可持续协调发展。同时,王亚华等[30]创新提出了流域水资源配置的政治协商机制,充分体现水资源利益相关者的利益诉求;王慧敏等学者[31-33]建立了水资源利益相关者合作博弈模型,协调水资源利益相关者的利益冲突,提高水资源与人口分布、经济产值的适配性[34],推进流域水资源配置实践。此外,针对水资源配置的模糊性、不确定性和多目标性等多属性特征,龚艳冰[35]、杨亚锋等[36]分别采用正态云组合赋权和云相似度 TOPSIS 法、基于可变集原理及偏联系数方法,开展了水资源配置方案评价研究,以提高流域水资源利益相关者交互配置结果的满意度。

7.3.3 水资源调控的产业结构优化配置方法

依据图 7.4 和图 7.5 的关键词图谱可知,随着学界对流域水资源配置方法研究的深入推进,国外更偏重于强调市场机制在水资源配置中的关键性作用,刺激用水者提高水资源价值和实现水资源再分配,激励企业控制污水排放、改善水质和保护生态环境[37]。但由于水资源的自然属性、用户需求特性等多种因素的制约,易造成"市场失灵"和水管理"体制失效"问题[38]。为此,依托政府与市场相融合的水资源配置思路,国际社会提出加强用水总量调控,在统筹体现多维目标、利益相关者参与的同时,构建产业结构优化配置方法,推动流域水资源与产业结构双向优化适配,推进产业结构转型与优化升级,提高水资源配置效率与保护水环境。如 Taskhiri 等[39]建立了用水结构与产业结构优化仿真模型;Zhang 等[40]构建了水资源与产业结构优化配置的多目标 ITSP 模型,实现区域产业结构和水资源配置结构的双向优化。

进入 21 世纪以来,我国积极探索政府与市场相融合的水资源配置思路,一方面,利用政府"有形之手"进行用水总量调控和推动产业结构优化升级[41]。如吴丹等[35]构造了水资源配置的判别诊断准则,提高水资源配置与产业结构优化的适配性;左其亭等[42]开发了与经济发展、人口增长和城市扩张相适应的区间模糊可信度约束双层规划模型,实现水资源配置与产业结构优化升级,控制污染物排放和优化系统效益;张丽娜等[43]通过测算用水结构与产业结构高级化适配度,判别两者的同步变化程度及方向。另一方面,利用市场"无形之手"进行水权交易定价,优化用水结构和提高用水效率[44]。如吴凤平等[45]分析了市场导向下的水权交易行为主体,提出了基于市场导向的水权交易价格形成机制理论框架;田贵良等[46]探索了我国形成的主要水权交易模式,明晰了水权交易模式下的价格形成机制,为进一步完善政府与市场相融合的流域水资源配置奠定基础。

7.3.4 水资源适应性配置方法

伴随气候变化对水资源系统的影响,流域水资源配置方法研究进一步深化。依据图 7.4 和图 7.5 的关键词图谱可知,国际社会强调在统筹多维目标、利益相关者交互和推进产业结构优化升级的同时,积极开展应对气候变化和生态环境挑战的流域水资源适应性配置方法研究。一方面,学者们侧重于气候变化、不确定性、可变性等因素对流域水资源配置的影响研究。如莱茵河水文国际委员会于 2001 年评价了气候变化对流域河流径流条件的影响[47];Irmak 等[48]通过模拟气候变化环境条件对灌溉需水规律的影响,提出了气候变化环境下灌溉优化策略;Molina-Navarro 等[49]提出通过不断调整水资源管理行动方向,提升流域水资源配置能力,适应社会经济状况与环境的快速变化。另一方面,面对大量不确定性因素,学者们提出构建流域水资源适应性配置技术框架与模型,有效应对气候变化对水资源的影响,提高气候变化下水资源利用与经济社会发展的适应性。如 Bekele[50]利用开发的 SWAT 模型,评估了潜在气候变化对流域水资源配置的影响;Williams 等[51]构建了气候变化与不确定环境下嵌入自适应机制的适应性配置模型;Golfam 等[52]构建了 AHP 和 TOPSIS 法,确定伊朗西北部加朗胡盆地 30 年(2040—2069 年)农业水资源配置适应气候变化的最佳情景。

借鉴国际经验,我国水管理政策部门和学界深入开展了应对全球气候变化与水资源系统环境不确定性影响的适应性配置方法研究。一方面,侧重分析气候变化与人类活动对流域水资源影响的研究。如粟晓玲等[53]探讨了气候变化和人类活动对流域径流变化贡献率;李文婷等[54]分析了典型年份赣江流域蓝绿水的时空分布,明确气候变化对流域蓝绿水的影响较大。另一方面,构建了气候变化下水资源适应性配置模型。如严登华等[55]探讨了基于低碳模式的水资源配置模型构建与方案优选、对策及保障措施制订等关键技术问题;王慧敏等[56]设计了水资源适应性治理下多回路、多层面的 EWA 演化学习模式,应对气候变化等不确定性因素的影响;夏军等[57]构建了适应性配置的多层次复杂结构体系,包括水资源、经济社会、生态环境和综合性四大类指标,提出了未来不同情景下水资源适应性对策;王煜等[58]识别了变化环境下流域水资源供需演变认知-适应性评价-高效输沙-分水方案优化-协同调度的 5 大关键科学问题,构建了黄河流域水资源优化配置与协同调度技术体系,提高流域水资源配置能力与水安全保障。

7.4 结论

从已有成果看,流域水资源配置实现了从水资源多目标耦合系统配置、水资源利益相关者交互、产业结构优化到应对气候变化的水资源适应性配置思路的转变。同时,流域水资源配置模型不断优化。根据图 7.5 中 2022 年流域水资源配置研究的关键词可知,流域水资源配置研究仍有待深化,亟须重点强调面向"空间均衡"理念、水资源刚性约束等新形势。一方面,现有的流域水资源配置思路未深入贯彻落实"空间均衡"理念,指导流域分水实践。另一方面,现有的流域水资源配置模型更加注重技术层面的设计,模型过于复杂化，未充分体现流域水资源配置的空间均衡性。因此，亟须形成一套完善的面向空间均衡的流域水资源配置思路，构造有效、实践可操作的空间均衡判别准则与配置模型，提高流域水资源配置的空间均衡性。为此，提出流域水资源空间均衡配置思路及模型构建思路。

①流域水资源空间均衡配置思路。完善现有的流域水资源配置思路，将流域内各行政区、行业、灌区、生态和取水户的用水需求纳入同一框架体系，坚持"四水四定"，构建流域水资源空间均衡配置的概念判别模型，有效判定流域水资源配置的"空间均衡层级体系"（流域层空间均衡、流域内区域层空间均衡、区域内产业层空间均衡），确定流域水资源配置"空间均衡层级体系"判别准则。

②流域水资源空间均衡配置模型的构建思路。依据流域水资源空间均衡配置思路，提出流域水资源空间均衡配置方案设计、诊断与优化的模型构建思路。a. 空间均衡配置方案设计。根据"空间均衡层级体系"的配置原则，充分体现"空间均衡层级体系"的利益诉求，建立"空间均衡层级体系"分配单元利益交互配置模型，设计流域水资源空间均衡配置方案，提高"空间均衡层级体系"分配单元的水资源配置效率。b. 空间均衡诊断与优化。依据设计的流域水资源空间均衡配置方案，构造一套完善的"空间均衡层级体系"判别准则，验证方案的可行性。包括"流域层空间均衡"判别准则，诊断流域水资源-经济社会-生态环境耦合系统的均衡协调性；"流域内区域层空间均衡"判别准则，诊断流域内区域间水资源配置的空间均衡性；"区域内产业层空间均衡"判别准则，诊断区域内水资源与产业结构布局的空间均衡性。并以方案诊断结果为依据，建立"空间均衡层级体系"水资源适应性调整机制，对"空间均衡层级体系"分配单元的水资源配置进行调整与优化，以通过"空间均衡层级体系"判别准则，提高流域水资源配置的空间均衡性。

参考文献

[1] Chen C, Hu Z, Liu S, et al. Emerging trends in regenerative medicine: A

Scientometric analysis in CiteSpace[J]. Expert Opinion on Biological therapy,2012, 12(5):593-608.

［2］吴丹,刘孟瑶.基于知识图谱的流域初始水权分配方法研究进展[J/OL].水资源保护:1-11[2022-09-27].(WU Dan, LIU Mengyao. Research progress of the allocation method of initial water rights in the river basin based on Knowledge map [J/OL]. Water Resources Protection:1-11[2022-09-27].(in Chinese)).

［3］吴泽宁,索丽生.水资源优化配置研究进展[J].灌溉排水学报,2004(2):1-5.

［4］Georgakakos A P, Marks D H. A new method for the real-time operation of reservoir systems[J]. Water Resources Research,1987,23(7):1376-1390.

［5］胡继连,葛颜祥.黄河水资源的分配模式与协调机制:兼论黄河水权市场的建设与管理[J].管理世界,2004(8):43-52.

［6］Haimes Y Y, Hall W A. Multi-objectives in water resources systems analysis:the surrogate worth trade off method[J]. Water Resources Research,1975,10(4):615-624.

［7］Condon L E,Maxwell R M. Implementation of a linear optimization water allocation algorithm into a fully integrated physical hydrology model[J]. Advances in Water Resources,2013,60:135-147.

［8］Van Campenhout B,D'Exelle B,Lecoutere E. Equity – efficiency optimizing resource allocation:the role of time preferences in a repeated irrigation game[J]. Oxford Bulletin of Economics and Statistics,2015,77(2):234-253.

［9］Dadmand F, Naji-Azimi Z, Farimani N M, et al. Sustainable allocation of water resources in water-scarcity conditions using robust fuzzy stochastic programming [J]. Journal of Cleaner Production,2020,276:123812.

［10］曾思栋,夏军,黄会勇,等.分布式水资源配置模型DTVGM-WEAR的开发及应用[J].南水北调与水利科技,2016,14(3):1-6.

［11］谢新民,李丽琴,周翔南,等.基于地下水"双控"的水资源配置模型与实例应用[J].水资源保护,2019,35(5):6-12.

［12］王磊,符向前,何玉江,等.石羊河流域水资源模拟与合理配置研究[J].中国农村水利水电,2021(8):94-97.

［13］田进宽,郭佳航,左其亭,等.沙颍河流域水资源配置思路与计算模型[J].水资源保

护,2022,38(2):62-67.

[14] 娄帅,王慧敏,牛文娟,等.基于区间直觉模糊集的水资源配置群决策研究[J].长江流域资源与环境,2014,23(3):319-327.

[15] 王丽珍,黄跃飞,赵勇,等.区域水资源以供定需优化配置模型研究[J].应用基础与工程科学学报,2017,25(6):1160-1169.

[16] 赵勇,解建仓,马斌.基于系统仿真理论的南水北调东线水量调度[J].水利学报,2002(11):38-43.

[17] 张玲玲,王慧敏,王宗志.需求变动下南水北调东线水资源供应链多级协调决策模型[J].河海大学学报(自然科学版),2005(6):14-17.

[18] 游进军,王忠静,甘泓,等.两阶段补偿式跨流域调水配置算法及应用[J].水利学报,2008(7):870-876.

[19] Xevi E, Khan S. A multi-objective optimisation approach to water management[J]. Journal of Environmental Management,2005,77(4):269-277.

[20] Wang L, Fang L, Hipel K W. Basin-wide cooperative water resources allocation[J]. European Journal of Operational Research,2008,190(3):798-817.

[21] Zhang W, Wang Y, Peng H, et al. A coupled water quantity – quality model for water allocation analysis[J]. Water Resources Management,2010,24(3):485-511.

[22] Xie Y L, Huang G H, Li W, et al. An inexact two-stage stochastic programming model for water resources management in Nansihu Lake Basin, China[J]. Journal of Environmental Management,2013,127:188-205.

[23] Read L, Madani K, Inanloo B. Optimality versus stability in water resource allocation[J]. Journal of Environmental Management,2014,133:343-354.

[24] Liu D, Ji X, Tang J, et al. A fuzzy cooperative game theoretic approach for multinational water resource spatiotemporal allocation[J]. European Journal of Operational Research,2020,282(3):1025-1037.

[25] Feng J H. Optimal allocation of regional water resources based on multi-objective dynamic equilibrium strategy[J]. Applied mathematical modelling,2021,90:1183-1203.

[26] 沈大军,刘斌,郭鸣荣,等.以供定需的水资源配置研究——以海拉尔流域为例[J].水利学报,2006(11):1398-1402.

[27] 王浩,游进军.中国水资源配置30年[J].水利学报,2016,47(3):265-271.

[28] 刘昌明,王红瑞.浅析水资源与人口、经济和社会环境的关系[J].自然资源学报,2003(5):635-644.

[29] 方国华,王雪,方应学,等.基于改进粒子群优化算法的区域水量水质联合配置模型[J].水资源保护,2022,38(3):58-64.

[30] 胡鞍钢,王亚华.转型期水资源配置的公共政策:准市场和政治民主协商[J].中国软科学,2000(5):5-11.

[31] 孙冬营,王慧敏,于晶.基于模糊联盟合作博弈的流域水资源优化配置研究[J].中国人口·资源与环境,2014,24(12):153-158.

[32] 付湘,陆帆,胡铁松.利益相关者的水资源配置博弈[J].水利学报,2016,47(1):38-43.

[33] 褚钰.考虑用水主体满意度的流域水资源优化配置研究[J].资源科学,2018,40(1):117-124.

[34] 吴丹,向筱茜.基于双层诊断准则的京津冀水资源与产业结构优化适配方法[J].中国人口·资源与环境,2022,32(4):154-163.

[35] 龚艳冰.基于正态云组合赋权的水资源配置方案综合评价方法[J].水资源保护,2022,38(2):56-61.

[36] 杨亚锋,巩书鑫,王红瑞,等.水资源空间均衡评估模型构建及应用[J].水科学进展,2021,32(1):33-44.

[37] 陈洁,许长新,田贵良.中国水权配置效率分析[J].中国人口·资源与环境,2011,21(2):49-53.

[38] Ioslovich I, Gutman P. A model for the global optimization of water prices and usage for the case of spatially distributed sources and consumers[J]. Mathematics and Computer in Simulation, 2001, 56(1):347-356.

[39] Taskhiri M S, Tan R R, Chiu A S F. Emergy-based fuzzy optimization Approach for water reuse in an eco-industrial park[J]. Resources, Conservation and Recycling, 2011, 55(7):730-737.

[40] Zhang L, Zhang X, Wu F, et al. Basin initial water rights allocation under multiple uncertainties: a trade-off analysis[J]. Water Resources Management, 2020, 34(3):955-988.

[41] 王金霞,黄季焜,ROZELLE S. 激励机制、农民参与和节水效应:黄河流域灌区水管理制度改革的实证研究[J]. 中国软科学,2004(11):8-14.

[42] 李东林,左其亭,马军霞. 基于不确定性双层规划的水资源配置及和谐评价[J]. 北京师范大学学报(自然科学版),2020,56(3):350-360.

[43] 张丽娜,吴凤平,张陈俊,等. 流域水资源消耗结构与产业结构高级化适配性研究[J]. 系统工程理论与实践,2020,40(11):3009-3018.

[44] 郭晖,陈向东,董增川,等. 基于合同节水管理的水权交易构建方法[J]. 水资源保护,2019,35(3):33-38.

[45] 吴凤平,于倩雯,沈俊源,等. 基于市场导向的水权交易价格形成机制理论框架研究[J]. 中国人口·资源与环境,2018,28(7):17-25.

[46] 田贵良,伏洋成,李伟,等. 多种水权交易模式下的价格形成机制研究[J]. 价格理论与实践,2018(2):5-11.

[47] Middlkoop H, Daamen K, Gellens D, et al. Impact of climate change on hydrological regimes and water resources management in the rhine basin[J]. Climatic Change, 2001,49(1-2):105-128.

[48] Irmak S, Kabenge I, Skaggs K E, et al. Trend and magnitude of changes in climate variables and reference evapotranspiration over 116-yr period in the Platte River Basin, central Nebraska-USA[J]. Journal of Hydrology, 2012,420/421:228-244.

[49] Molina-Navarro E, Andersen H E, Nielsen A, et al. Quantifying the combined effects of land use and climate changes on stream flow and nutrient loads: a modelling approach in the Odense Fjord catchment (Denmark)[J]. Science of the Total Environment, 2018,621:253-264.

[50] Bekele E G, Knapp H V. Watershed modeling to assessing impact of potential climate change on water supply availability[J]. Water Resources Management, 2010,24(13):3299-3320.

[51] Williams B K. Adaptive management of natural resources-framework and issues[J]. Journal of Environmental Management, 2011,92(5):1346-1353.

[52] Golfam P, Ashofteh P S, Rajaee T, et al. Prioritization of water allocation for adaptation to climate change using multi-criteria decision making (MCDM)[J]. Water Resources Management, 2019,33(10):3401-3416.

[53] 粟晓玲,康绍忠,魏晓妹,等.气候变化和人类活动对渭河流域入黄径流的影响[J].西北农林科技大学学报(自然科学版),2007(2):153-159.

[54] 李文婷,杨肖丽,任立良.赣江流域气候和土地利用变化对蓝绿水的影响[J].水资源保护,2022,38(5):166-173.

[55] 严登华,秦天玲,张萍,等.基于低碳发展模式的水资源合理配置框架研究[J].水利学报,2010,41(8):970-976.

[56] 邓敏,王慧敏.气候变化下适应性治理的学习模式研究——以哈密地区水权转让为例[J].系统工程理论与实践,2014,34(1):215-222.

[57] 夏军,石卫,雒新萍,等.气候变化下水资源脆弱性的适应性管理新认识[J].水科学进展,2015,26(2):279-286.

[58] 王煜,彭少明,郑小康.黄河流域水量分配方案优化及综合调度的关键科学问题[J].水科学进展,2018,29(5):614-624.

第八章

国内外用水效率评价研究可视化分析

可持续发展是国际社会关注的重点战略任务,如何有效应对资源短缺挑战,是我国实施可持续发展战略的关键环节。水资源作为构成资源体系的基本要素,是人类赖以生存和发展的重要资源。在水资源供需矛盾突出的现实背景下,提高用水效率是解决我国水资源短缺问题的关键途径。2000年,《国民经济和社会发展第十个五年计划的建议》确立了建设节水型社会,将提高用水效率作为核心目标之一,并于2002年正式启动。2011年,中央一号文件确立了水资源开发利用控制、用水效率控制和水功能区限制纳污"三条红线"刚性约束。2012—2013年,国务院先后发布了《关于实行最严格水资源管理制度的意见》《实行最严格水资源管理制度考核办法》,强化水资源管理,提高用水效率。2014年,习近平总书记提出"节水优先,空间均衡,系统治理,两手发力"新时代水利工作方针。2016年,国家发展"十三五"规划提出了实施水资源消耗总量和强度双控行动。2021年,国家发展"十四五"规划提出到2025年,通过主要节水任务、重点水资源建设工程的实施,基本补齐节水设施短板,大幅提高用水效率。这些政策举措为实现我国水资源高效利用提供了有力支撑。2007—2022年,国内外关于用水效率研究的文献日渐增多,但鲜有学者利用可视化分析工具,对用水效率研究作系统深入报道,科学合理地梳理用水效率评价进展。为此,本书以Web of Science核心数据库(WOS)、中国知网数据库(CNKI)为平台,以SSCI、SCI、EI、CSSCI、CSCD和北大核心期刊发表的用水效率研究文献为研究对象,获取1084篇英文文献及384篇中文文献,借助CiteSpace软件,开展国内外用水效率研究可视化分析,系统梳理用水效率评价的研究成果,为进一步完善用水效率评价理论研究与实践探索提供参考借鉴。

8.1 研究方法与数据来源

CiteSpace是一款绘制知识图谱的可视化分析软件,主要通过引文分析和共现分析揭示科学研究领域的知识基础以及研究前沿[1]。基于CiteSpace,通过数据挖掘,对研究机构和团队、关键词等关键信息绘制图谱[2],可视化展现2007—2022年国内外用水效率研究热点和趋势。首先,WOS以"主题=

water use efficiency"进行 SCI、EI、SSCI 期刊文献检索,获取 1 084 篇英文文献。其次,CNKI 以"主题＝用水效率"或"主题＝水资源利用效率"进行 SCI、EI、CSSCI、CSCD 和北大核心期刊检索,获取 384 篇中文文献。在适当删减不相关文献后,将中英文文献导入 CiteSpace 6.1.R3 中完成数据准备。在 CiteSpace 6.1.R3 软件中,首先将时间切片设置为 1 年,依次勾选机构、作者进行知识图谱共现分析,接着将时间切片设置为 4 年,勾选关键词进行知识图谱共现分析,以揭示用水效率研究进展。

8.2 用水效率评价研究可视化分析

通过对比 2007—2022 年用水效率评价研究的 WOS 和 CNKI 发文量可知,2007—2016 年,WOS 和 CNKI 发文量均处于缓慢增长期。但自 2017 年开始,WOS 发文量迅速增加,2017—2022 年 WOS 发文量远高于 CNKI 发文量,并于 2021 年达到峰值。虽然 2022 年 WOS 发文量有所回落,但仍然明显高于 CNKI 发文量(见图 8.1)。总体来看,2007—2022 年 CNKI 发文量增长较为平稳,2019 年略有回落,2020 年之后仍呈现平稳增长趋势。

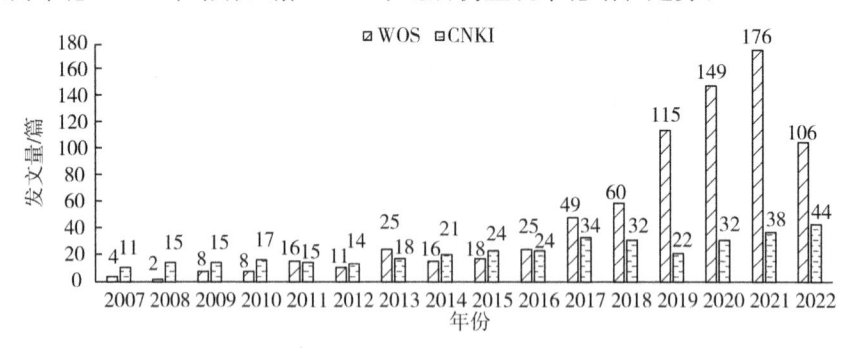

图 8.1 2007—2022 年用水效率评价研究发文量

8.2.1 研究机构与团队

8.2.1.1 研究机构

针对用水效率评价的研究,WOS 以中国、美国、巴基斯坦的高校和科研院所发文量居多，主要包括：Chinese Acad Sci（中国，中国科学院）、Univ Chinese Acad Sci（中国，中国科学院大学）、China Agr Univ（中国，中国农业大学）、Hohai Univ（中国，河海大学）、Northwest A&F Univ（中国，西北农林科技大学）、Beijing Normal Univ（中国，北京师范大学）、Stanford Univ（美国，斯坦福大学）、Chinese Acad Agr Sci（中国，中国农业科学院）、Univ Agr Faisalabad（巴基斯坦，费萨拉巴德农业大学）、Sichuan Univ（中国，四川大学）。同时以这些高校和科研院所为中心，形成了内部合作密集的研究群体，如以中国科学院为中心的研究群体（见图8.2）。

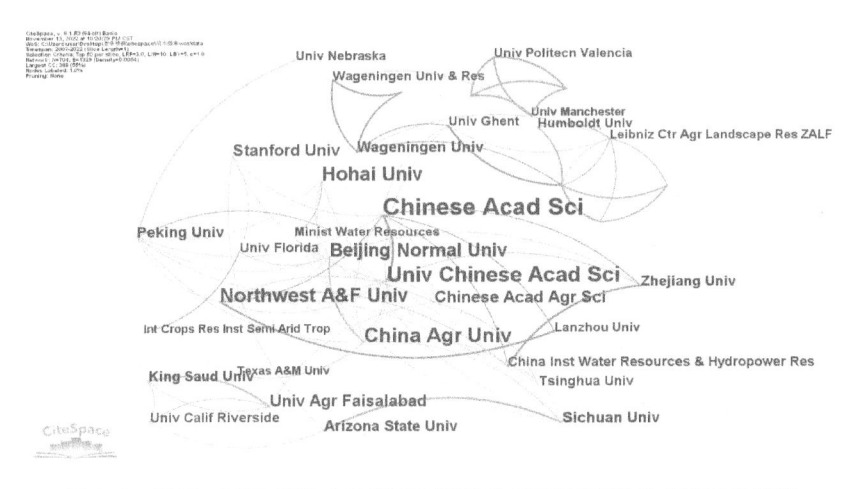

图8.2　2007—2022年用水效率评价研究的WOS研究机构共现网络图谱

CNKI发文量居多的高校和科研院所主要包括：中国水利水电科学研究院流域水循环模拟与调控国家重点实验室、河海大学水文水资源与水利工程科学国家重点实验室、中国科学院地理科学与资源研究所、中国科学院大学、武汉大学水资源与水电工程科学国家重点实验室、南京水利科学研究院水文水资源与水利工程科学国家重点实验室、河海大学商学院、河海大学水利水电学院、云南省水利水电科学研究院（见图8.3）。

由图8.3可知，CNKI的高校和科研院所数目较多但较为分散，主要归因于高校、科研院所之间的合作一定程度受到地域限制，同地域的高校、科研院所之间的合作相对紧密。其中，以河海大学水文水资源与水利工程科学国家

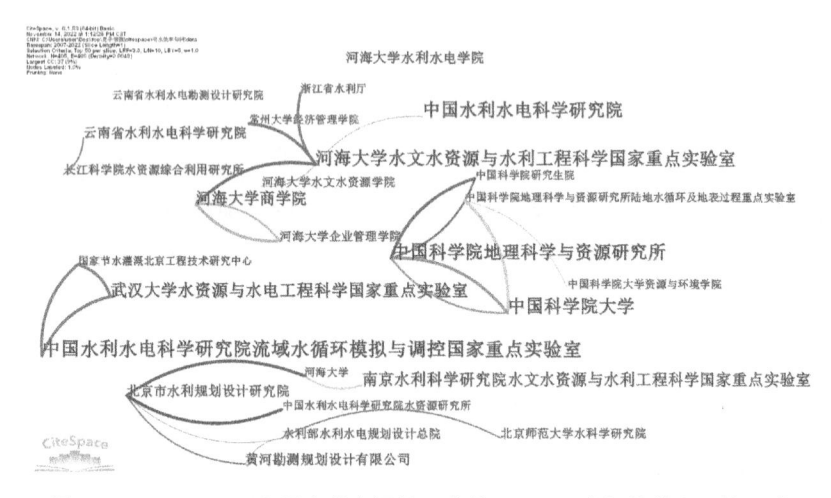

图 8.3　2007—2022 年用水效率评价研究的 CNKI 研究机构共现网络图谱

重点实验室为代表的高校、以中国科学院地理科学与资源研究所为代表的科研院所在用水效率评价研究领域具有领先地位。

同时,通过分别对 WOS、CNKI 中的高校和科研院所发文量对比可知(见表 8.1),WOS 中高校研究实力较强且更具竞争力,而 CNKI 中科研院所研究实力较强且更具竞争力。

表 8.1　2007—2022 年用水效率评价研究的 WOS 和 CNKI 研究机构发文量对比

单位:篇

排序	WOS		CNKI	
	研究机构	发文量	研究机构	发文量
1	Chinese Acad Sci	98	中国水利水电科学研究院流域水循环模拟与调控国家重点实验室	12
2	Univ Chinese Acad Sci	65	河海大学水文水资源与水利工程科学国家重点实验室	10
3	China Agr Univ	43	中国科学院地理科学与资源研究所	10
4	Hohai Univ	40	中国水利水电科学研究院	9
5	Northwest A&F Univ	40	中国科学院大学	9
6	Beijing Normal Univ	38	武汉大学水资源与水电工程科学国家重点实验室	8

续表

排序	WOS		CNKI	
	研究机构	发文量	研究机构	发文量
7	Stanford Univ	20	南京水利科学研究院水文水资源与水利工程科学国家重点实验室	7
8	Chinese Acad Agr Sci	20	河海大学商学院	7
9	Univ Agr Faisalabad	19	河海大学水利水电学院	5
10	Sichuan Univ	16	云南省水利水电科学研究院	5

8.2.1.2 研究团队

通过分析作者发文量与其文献被引频次,可识别研究领域的领军人物和高产作者。基于合作网络共引可视化发现,用水效率评价研究领域已形成了较为稳定的研究团队。WOS 发文量较多的研究团队包括:WU PUTE(吴普特)团队、CHIU YUNG-HO 团队、LUO GEPING(罗格平)团队、AJAMI NEWSHA K 团队和 SHI MINJUN(石敏俊)团队(见图 8.4)。图中节点的大小与作者出现的频次成正比,而节点间的线条数量和连线粗细反映了作者间的合作关系及紧密程度[3]。

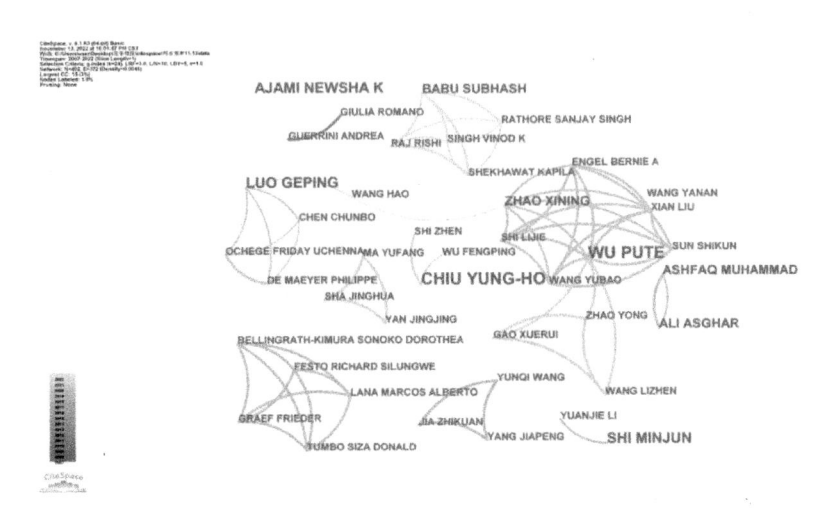

图 8.4 2007—2022 年用水效率评价研究的 WOS 研究团队共现网络图谱

CNKI 发文量较多的研究团队包括:云南省水利水电科学研究院的王树

鹏团队,河海大学的吴凤平团队、唐德善团队及董增川团队,中国科学院的刘昌明团队以及中国水利水电科学研究院的王浩团队(见图 8.5)。

图 8.5 2007—2022 年用水效率评价研究的 CNKI 研究团队共现网络图谱

8.2.2 关键词

关键词是对文献重点内容的高度凝练和概括,分析文献的关键词可以迅速把握研究领域的核心论题。分析研究领域的高频关键词,可挖掘出该领域的研究热点[4]。关键词中心性越高则说明该关键词在共现网络中的控制和引导作用越强,即该关键词在领域中被关注度高[5]。

针对用水效率评价研究,通过绘制 WOS 关键词时间线图谱可知(见图 8.6),2007—2010 年热点关键词包括 system climate change(系统气候变化)、water right(水权)、virtual water(虚拟水)、model renewable energy(可再生能源模型)、food security(食品安全)、groundwater(地下水)、yield(产量)、international trade(国际交易)、water allocation(水分配)、resource transaction cost(资源交易成本)。2011—2015 年热点关键词包括 water management(水管理)、water consumption(水消耗)、data envelopment analysis(数据包络分析,简称 DEA)、basin(流域)、political ecology(政治生

态)、land use(土地使用)、performance(绩效)。2016—2020 年的热点关键词包括 spring wheat(春小麦)、grain yield(谷物产量)、variability(多变性)、game theory(博弈论)、evapotranspiration(蒸散)、greenhouse gas emission(温室气体排放)、drip-irrigation(滴灌)、lifecycle assessment(生命周期评估)。2021—2022 年的热点关键词包括 plant(植物)、cropping system(种植系统)、land(土地)、index(指数)、ground water depletion(地下水枯竭)。

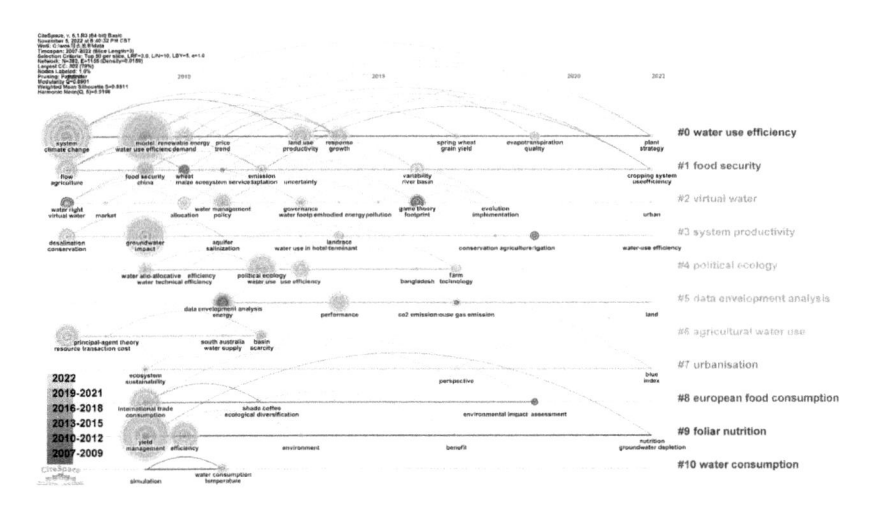

图 8.6　2007—2022 年用水效率评价研究的 WOS 关键词时间线图谱

通过绘制 CNKI 关键词时间线图谱可知(见图 8.7),2007—2009 年热点关键词包括用水效率、农业节水、水资源、海水淡化、灌渠、尺度效应。2010—2012 年热点关键词包括考核体系、长江流域、控制红线、指标、冬小麦、模糊物元、需水量。2013—2015 年的热点关键词包括驱动因子、城市用水、三条红线、技术进步、汉江流域、内涵测度、水量分配、节水建设、综合评价。2016—2018 年热点关键词包括水价、随机前沿、边际效应、分区探讨、用水水平、三次平衡、云模型、时空演变、时空特征、用水强度。2019—2022 年热点关键词包括七大流域、功率谱、供水企业、博弈论、消耗结构、社会效益、变异系数。

由图 8.6 和图 8.7 可知,通过绘制 WOS 和 CNKI 关键词时间线图谱,可将用水效率评价研究热点归纳为三个方面:①区域用水效率与经济发展及环

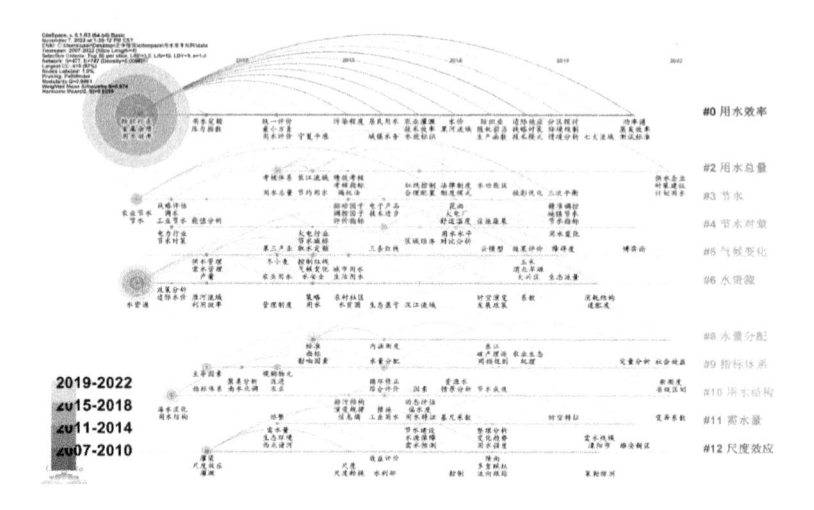

图 8.7 2007—2022 年用水效率评价研究的 CNKI 关键词时间线图谱

境变化的关系研究。如基于经济发展现状，研究用水效率提升与经济产业发展之间的耦合关系；基于气候环境变化，研究水资源利用与气候变化、温室气体排放、可再生能源等的作用关系；基于水资源短缺现状，研究地下水枯竭、水管理、水消耗、水量分配等问题。②行业用水效率提升研究。如基于农业用水结构的差异性，研究农业产量与用水效率的关系、农业灌溉技术及轮种模式对节水的影响、不同种植系统的用水效率差异；基于工业企业用水效率的差异性，研究工业用水结构调整与节水的关系、工业废水排放对环境的影响、不同工业节水技术的效益差异；基于城市建设和居民生活生态用水的特征，研究城市水资源利用的社会效益和生态效益。③区域或行业用水效率评价研究。如从投入产出角度构建用水效率评价指标体系，建立 DEA 模型、博弈论、尺度效应、模糊物元、功率谱、变异系数、随机前沿、边际效应、云模型、生命周期评估等模型，评价区域或行业用水效率的时空分异特征。

通过对不同时间段关键词出现频率的整理（见表 8.2），可进一步揭示用水效率评价研究的演化脉络。

表 8.2　WOS 和 CNKI 用水效率评价研究重点关键词分时间域频次排序

时间片	WOS 重点关键词	频次	CNKI 重点关键词	频次
2007—2009	water use efficiency	283	节水	11
	management	208	用水结构	11
	climate change	202	产业结构	10
	yield	98	灌溉	6
	consumption	98	指标体系	6
	model	93	尺度效应	4
	irrigation	89	工业节水	3
	agriculture	78	水环境	3
	water scarcity	40	水权交易	2
2010—2012	water use	101	用水总量	10
	data envelopment analysis	49	虚拟水	9
	demand	47	云南省	9
	maize	40	影响因素	9
	scarcity	38	节水潜力	7
	crop	37	水足迹	6
	temperature	29	海河流域	3
	basin	16	南水北调	2
	emission	15	时空分异	2
2013—2015	productivity	110	黄河流域	8
	use efficiency	75	工业用水	7
	performance	74	三条红线	6
	water footprint	56	需水预测	4
	river basin	36	生活用水	3
	lifecycle assessment	27	汉江流域	3
	greenhouse gas emission	18	利益补偿	2
2016—2018	deficit irrigation	25	时空变化	3
	decomposition	15	时空差异	3
	cropping system	11	粮食作物	3
	drought stress	9	对比分析	2
	water resource	9	基尼系数	2
	CO_2 emission	5	用水强度	2
	conservation agriculture	5	云模型	2
	implementation	5	脱钩理论	2

续表

时间片	WOS 重点关键词	频次	CNKI 重点关键词	频次
2019—2022	drip irrigation	33	宁夏	4
	green	18	时空特征	2
	strategy	13	和谐论	2
	decomposition analysis	9	泰尔系数	2
	fruit quality	8	三次平衡	1
	industry	7	协同发展	1
	urban	7	栅格尺度	1
	risk	6	变异系数	1
	mechanism	6	动态演进	1
	groundwater depletion	6	社会效益	1

由表 8.2 可知，2007—2009 年，WOS 重点聚焦水管理、气候变化与农业用水之间的关系以及农业灌溉产量与耗水量的关系研究；CNKI 重点聚焦工农业节水、用水结构与产业结构的关系研究。2010—2012 年，WOS 重点聚焦 DEA 模型的应用、水需求、粮食生产以及水污染排放控制研究；CNKI 重点聚焦省际和流域的虚拟水、影响因素、节水潜力以及水足迹研究。2013—2015 年，WOS 重点聚焦生产率、水足迹、生命周期评估以及气候变化研究；CNKI 重点聚焦流域节水、水管理制度、需水预测和水生态补偿研究；2016—2018 年，WOS 重点聚焦农业节水灌溉、水旱压力以及碳排放研究；CNKI 重点聚焦省际和流域时空差异、粮食作物生产、用水强度以及脱钩理论应用研究。2019—2022 年，WOS 重点聚焦农田滴灌、绿色发展、水危机以及模型机制研究；CNKI 重点聚焦时空特征以及评价模型研究。总体来看，WOS 以农业灌溉和可持续发展的生态环境为核心，CNKI 从"以节水为重点"转向"评价理论模型"。

8.3 用水效率评价综述

根据图 8.6 和图 8.7，经文献梳理可知，学术界主要从投入产出角度构建相应的评价指标体系及其模型，开展用水效率评价研究。其中，评价指标的设计由于研究对象与研究目的不同存在一定的差异性,评价模型的构建偏重于采用DEA模型。

8.3.1 评价指标体系

基于投入产出角度,众多学者在构建用水效率评价指标体系时,主要选取用水量[6,7]、固定资产投资额[7-9]、就业人口[10,11]作为投入指标,选取GDP作为产出指标[7,12]。在此基础上,学者们立足国情与区情,对区域用水效率评价指标进行了系统设计。同时根据行业用水特点,对行业用水效率评价指标进行了系统设计。

8.3.1.1 区域用水效率评价指标

立足国情与区情,区域用水效率评价指标的设计主要涉及国家、流域和地区三个层面。从国家用水效率评价指标设计来看,Deng等[13]选取劳动人口、资本投入、用水总量为投入指标,GDP为期望产出指标,污水排放量为非期望产出指标,对2004—2013年中国31个省区市的用水效率进行了评价;Zhang等[14]基于对非期望产出指标选取特征的归纳,选取综合环境因素作为产出的不良产出指标,探讨了中国环境规制对用水效率提升的有效性;石天戈等[15]将投入产出分为生产阶段和治理阶段,同时将生产阶段的非期望产出作为治理阶段的初始投入,评估了中国2004—2018年各省份的综合用水效率;张国基等[16]将水资源系统分为初次用水阶段和污水处理阶段两个阶段,评估了中国水资源综合利用效率,在初次用水阶段中产出的污水排放量是污水处理阶段的投入指标。

从流域用水效率评价指标设计来看,Le等[17]将投入产出体系分为两个阶段,评估了越南同奈河流域的水资源运用效率,第一阶段以水资源为直接投入,产生中间产出,而中间产出是第二阶段中经济子系统和社会子系统最终产出的投入;陈述等[18]构建了反映资源消耗的投入指标及反映生产价值的产出指标,评估了长江流域水资源利用效率的时空特征。

从地区用水效率评价指标设计来看,Kamal等[19]选取购水成本、能源成本、工人工资、维修及保养费用作为投入指标,总收入作为产出指标,比较了加沙地带与西方发达国家1999—2002年城市供水状况和用水效率；Sun等[20]建立了16个投入指标和14个产出指标，综合评价吉林省2004—2017年水资源利用效率，并用主成分分析法将投入指标缩减为3个主成分，将产出指标缩减为2个主成分；Hu等[21]选取资本存量、劳动人口、生活用水量及生产用水量作为投入指标，GDP总量为产出指标，评价了中国东部、中部、西部地区全要素用水效率；董战峰等[22]从水资源、固定资产及劳动力三方面构建投入指标，以GDP总产值为统一的产出指标；陈璇璇等[23]从用水情况和水资源条件出发选取投入指标，从经济状况出发选取产出指标，评估了陕晋两省各市的水资源综合产出效率；朱达等[24]基于农业、工业、生活、社会四大方面共选取了5个投入指标和6个产出指标，综合评价了中国省会城市水资源利用效率，其中社会方面的投入指标为劳动力固定资产，产出指标为人均GDP、地方财政一般预算内收入及居民平均工资；高甜等[25]采用考虑了非期望产出对效率值影响的SBM-GWR模型，对中国省际用水效率影响因素进行了分析，结果表明受教育年限对各省用水效率的影响最大。

综上所述，学者们基于知识背景的差异构建了相应的用水效率评价指标。一方面，将生活用水、生产用水、生态用水一同纳入综合指标框架体系中，侧重考虑水资源的社会效益或经济环境效益。另一方面，针对水资源系统的阶段差异设立对应阶段的指标体系，并根据研究目的考虑非期望指标的选取。总体来看，学者们在选取投入指标时，综合考虑了资本、劳动、水资源三个方面。选取产出指标时，以地区GDP指标为代表（见表8.3）。

表8.3　区域用水效率评价指标的代表性文献观点

代表性作者	投入指标	产出指标
Deng等[13]	劳动人口、资本投入、用水总量	GDP、污水排放量
Hu等[21]	资本存量、劳动人口、生活用水量及生产用水量	GDP总产值
董战峰等[22]	水资源投入（农业用水、工业用水、生活用水、生态用水）、固定资产投入、劳动力投入	GDP总产值
唐德善等[26]	总用水量、从业人员数量以及固定资产投资	生产总值

8.3.1.2　行业用水效率评价指标

根据行业用水特点，行业用水效率评价指标的设计主要涉及农业、工业、城市和生态三个方面。从农业用水效率评价指标设计来看，Manjunatha 等[27]以农业用水量、灌溉面积、劳动投入、机器功率及施肥量作为投入指标，将农业总产值作为产出指标研究了印度地下水的农业灌溉效率；Yilmaz 等[28]将供水量与灌溉面积作为投入指标，将农业总产值作为产出指标，评价了土耳其 Buyuk Menderes 流域的农业灌溉用水效率以寻找有效灌区；Zhao 等[29]以第一产业就业人口、农业用水量、粮食播种面积为投入指标，以粮食产量为产出指标，评价了黄河流域中下游在城镇化进程中的农业用水效率；孙付华等[30]以农林牧渔业全社会固定资产投资额为资产投入，同时考虑生态文明需求，选取污染物排放量（化学需氧量＋氨氮排放量）作为投入指标，评价了区域农业水资源利用效率；朱丽娟等[31]选取农作物播种面积、农用机械总动力、农用化肥施肥量、第一产业就业人数、有效灌溉面积及灌溉用水量为投入指标，以农业总产值为产出指标，评价了中国省域灌溉用水效率；李明璁等[32]在评价农业用水效率时基于单位有效灌溉面积选取投入产出指标。

从工业用水效率评价指标设计来看，Zhao 等[29]以第二产业就业人口、工业用水量、固定资产投资为投入指标，以第二产业国内生产总值为产出指标，评价了黄河流域中下游在城镇化进程中的工业用水效率；Liu 等[33]从与水资源相关的投入指标和与水资源无关的投入指标两方面构建投入指标体系，以工业增加值作为期望产出指标，以直接排入环境的废水总量和直接排入污水处理厂的废水总量作为非期望产出指标，评价了中国大陆的工业用水效率；买亚宗等[34]选取当期工业 COD 排放量作为环境影响的代表性产出指标，评价中国工业用水效率的同时关注对环境的影响；郑乐等[35]选取固定资产净值代表资本投入，以更精准地反映资本消耗，其余的投入产出指标为研究通用指标，用以评估宁夏工业用水效率；沈满洪等[36]为对应具有中间投入品性质的水资源投入指标，选取同样包含中间投入成本的工业总产值作为产出指标，同时以工业新鲜水取用量代表水资源投入指标，使得指标体系能更好地衡量工业用水效率。

从城市和生态用水效率评价指标设计来看，Tupper 等[37]选取劳动力成本、运营成本、资本成本作为投入指标，以水产量和污水处理量为产出指标，评价了巴西水务公司的用水效率；Byrnes 等[38]考虑维多利亚州与新南威尔士州的特性，选取排除劳动力及固定资产的投入指标，将投诉指数与饮用水总量作为产出指标来衡量水务公司的供水效率；高甜等[25]考虑到用水的社会效益，将社会发展指数纳入期望产出；Liu 等[39]以资本投资、劳动力和用水量三大基本类别为基础，选取 3 个投入指标，并从水利工程基础设施、水土保持、水污染防治、改善生态环境和经济效益等方面选取 11 个产出指标，综合评价了我国水系统生态效率；王竞优等[40]将 COD 及氨氮排放量纳入评价指标框架设计中，评价了我国重点环境保护城市的用水效率；刘渝等[41]将生态用水、小流域水土流失治理面积及本年水利资金总投入纳入投入指标中，评价了湖北省水资源利用的生态效益。

综上所述，不同行业用水效率评价指标的设计存在较大差异，其中投入指标凸显了不同行业的用水特点，产出指标以行业经济总产值或经济增加值为代表（见表 8.4）。同时，部分学者针对农业、工业及生活用水效率评价研究，将生态效益以非期望产出的形式纳入指标选取范围中。

表 8.4　行业用水效率评价指标代表性文献观点

行业	代表性作者	投入指标	产出指标
农业	Yilmaz 等[28]	供水量、灌溉面积	农业总产值
	朱丽娟等[31]	农作物播种面积、农用机械总动力、农用化肥施肥量、第一产业就业人数、有效灌溉面积及灌溉用水量	农业总产值
工业	Liu 等[33]	与水无关的投入（劳动及资本）、与水相关的投入（地表水、地下水、其他形式的水资源）	GDP、污染产出（直接排入环境、直接排入污水处理厂）
	买亚宗等[34]	工业用水总量、固定资产净值、从业人员年均数	当期工业 COD 排放量 当期工业增加值
城市和生态	Zhang 等[14]	劳动增长率、资本存量增长率、GDP 增长率	二氧化硫增长率、废水总量增长率、综合环境因素增长率
	Tupper 等[36]	劳动力成本、运营成本、资本成本	水产量、污水处理量
	朱达等[24]	生活用水总量	生活污水集中处理率
	唐德善等[26]	生态用水总量	城市绿化率

8.3.2 评价方法

梳理文献可知,由于 DEA 模型依据多指标投入及多指标产出对同类型的决策单元进行有效性评价,具备无须处理随机误差影响、无须考虑投入产出之间的生产函数关系等优点,学者们主要采用 DEA 模型及其拓展模型开展用水效率评价研究。

8.3.2.1 DEA 模型研究现状

DEA 模型是 Charnes 等学者[42]于 1978 年提出的一种非参数分析方法,传统 DEA 模型涵盖较广,其中最具代表性的模型包括 CCR、BCC、FG、ST 等模型[43]。随着该模型研究的不断深入,学者们发现,传统 DEA 无须处理随机误差影响,其用水效率评价结果可能会受到测量误差及其他统计噪声源的影响,且传统 DEA 还会忽略外部因素对结果的影响,仅能评估系统整体的效率。因此,传统 DEA 模型并不适用于所有研究情境。

为此,众多学者提出了多种拓展 DEA 模型和混合 DEA 模型[44-45]。其中,为解决传统 DEA 模型评价结果受随机误差影响的问题,Charnes 等学者[42,46-47]提出了通过机会约束规划结合数据随机性的随机 DEA 模型;为解决传统 DEA 分析方法的静态性,Färe 等[48]提出将 Malmquist 指数分析方法与 DEA 方法结合用以处理长时间序列数据;为解决传统 DEA 模型忽略外部因素影响的问题,Fried 等[49]提出三阶段 DEA 模型,用以剔除外部因素,测算同一外部环境水平下的效率值;为解决传统 DEA 模型仅能评估系统整体效率的问题,探究造成低效率的子系统之间是否存在影响,部分学者提出结合 Tobit 回归模型[50]或三阶段 DEA-Malmquist 指数方法[51]估算决策单元的技术效率;采用两阶段 DEA 模型[44]将决策单元的效率分解为社会利用效率和经济利用效率;基于网络 DEA[52]与环境 DEA[53]构建新 DEA 体系,将决策单元的效率分解为水资源利用效率和废水净化效率。

此外,传统 DEA 模型中被广泛使用的 CCR 与 BCC 模型与部分现实研究之间不匹配。CCR 与 BCC 模型既无法体现无效决策单元需要改进的部分,又无法进一步评价多个同时有效的决策单元。因此,如何基于效率值改进无效决策单元的松弛部分，成为学者们的研究热点。如 Andersen 等[54]提出进一步区分多个有效决策单元的超效率 DEA 模型；为解决超效率 DEA 模型在径向和角度上存在选择偏差的问题，Tone[55-56]进一步提出 Super-SBM 模型和包含非期望产出的 SBM-Undesirable 超效率模型。

在系统梳理 DEA 方法的理论探索与实践研究基础上，学者们立足国情与区情，深入探索了基于 DEA 模型的区域用水效率评价方法，或根据行业用水特点，深入探索了基于 DEA 模型的行业用水效率评价方法。

8.3.2.2 基于 DEA 模型的区域用水效率评价方法

立足国情与区情，基于 DEA 模型的区域用水效率评价方法的构建主要涉及国家、流域和地区三个层面。从国家用水效率评价方法构建来看，Cetrulo 等[57]将水资源运用的差异性，即水的不平等性纳入 DEA 模型中，利用基于松弛的 DEA 方向性距离函数模型评估发展中国家的用水绩效，结果显示发展中国家水资源利用的可持续性较低；张国基等[16]通过构建混合网络结构的 DEA 模型，分部门、分阶段测算了中国的水资源利用效率，研究得出中国整体用水效率偏低且生活用水效率高于工业用水效率；俞雅乖等[58]运用超效率 DEA 方法对比了中国用水效率的区域差异，结果表明东部地区用水效率优于西部地区。

从流域用水效率评价方法构建来看，Le 等[17]运用两阶段 DEA 方法评价了越南同奈河流域的水资源利用效率，结果表明该方法有助于决策者为水资源管理和改善用水效率做出正确决策；邵汉华等[59]基于三阶段 DEA 模型调整黄河流域用水效率投入变量，最终以剔除环境变量影响后的投入量为投入值，可得剔除环境变量影响的用水效率评价值，结果表明影响黄河流域水资源利用效率的主要因素是技术。

从地区用水效率评价方法构建来看，Byrnes 等[38]采用 DEA 模型衡量了新南威尔士州与维多利亚州水资源的相对技术效率，结果表明用水限制政策抑制了用水效率；Amar 等[60]运用 DEA 交叉效率方法评估了阿尔及利亚北部 47 个大坝的综合水质情况，该方法能够对水质进行综合评价，从而提高了综合水质指数计算的稳健性；陈威等[7]利用 DEA-Malmquist 模型研究得出武汉城市群在 2005—2015 年间用水效率逐年提升,且可进一步借助技术手段加以提升;钟丽雯等[61]采用投入主导型的 DEA-BCC 模型,研究得出广西省水资源利用效率不高,可从产业用水结构及水资源利用的技术投入和规模投入等方面提高用水效率。

综上所述,学者大多评价区域用水效率时主要选择拓展 DEA 模型或混合 DEA 模型,并结合 EBM 模型[62]、面板 Tobit 模型[63]、MPI 模型[64]、SBM 模型[65]等模型分析面板数据。此外在研究流域用水效率时,学者们为更好区分流域内不同系统的用水效率多采用多阶段 DEA 模型(见表 8.5)。

表 8.5 基于 DEA 模型的区域用水效率评价方法代表性文献观点

作者	评价方法	与传统 DEA 相比的优势
陈威等[7]	DEA-Malmquist 模型	可研究长时间序列的变量
张国基等[16]	混合网络结构的 DEA 模型	可处理径向变量与非径向变量组合
Le 等[17]	两阶段 DEA 法	可基于水资源投入特征分析不同阶段的用水效率
Liu 等[33]	改进的 SBM-DEA 模型	可减少对投入过剩和产出不足的忽视,从而提高测量效率的精准度
Cetrulo 等[57]	基于松弛的 DEA 方向性距离函数模型	可更好地处理非期望产出向量
俞雅乖等[58]	超效率 DEA 方法	可对 DEA 有效的决策单元进一步排序
邵汉华等[59]	三阶段 DEA 法	可剔除外部因素的影响
Amar 等[60]	DEA 交叉效率法	可判断出表现最优的决策单元且避免权重系数过于极端和不现实

8.3.2.3 基于 DEA 模型的行业用水效率评价方法

根据行业用水特点,行业用水效率评价方法的设计主要涉及农业、工业、城市和生态三个方面。从农业用水效率评价方法构建来看,Speelman 等[50]利用 DEA 模型,在规模报酬不变与规模报酬可变的情况下,测算农业技术效率与用水效率,同时采用基于 Tobit 回归修正的 DEA 模型考察农村灌溉方式与用水效率的关系,结果表明灌溉方案类型与灌溉方式对水资源利用效率存在显著影响;Veettil 等[66]采取随机 DEA 模型,分析新定价体系下农场产出和灌溉用水投入之间的关系,结果表明水价上涨不会降低用水效率但会降低用水需求；孙付华等[30]运用能剔除外部因素影响的三阶段DEA模型，结合Malmquist指数对中国31个省农业用水效率进行测算，结果表明改进农业生产技术和扩大农业生产规模是提高农业用水效率的主要方向；张娜娜等[67]采用DEA方法中的CCR和BCC两种模型评价2002—2011年江苏省农业水资源利用效率，研究得出江苏省农业用水效率一直处在较高水平上，进一步提升其用水效率需加大技术创新，减少劳动力和水资源的投入。

从工业用水效率评价方法构建来看，Liu等[33]运用改进的SBM-DEA模型研究中国工业用水效率，将边际用水成本和边际废水处理成本纳入模型计算变量中，研究发现工业用水效率通过用水结构和废水排放结构的调整可以进一步提升；何佳音等[68]采用灰色系统关联度检验方式筛选用水效率评价指标，并使用DEA模型评价了2014—2018年湖南省工业用水效率，从而提升评价结果的合理性；沈满洪等[36]采用DEA模型测算了中国28个城市的工业水效率和水污染排放效率，研究表明区域间用水技术差异大，西部地区高耗水高污染，面临着严峻的用水环境。

从城市和生态用水效率评价方法构建来看，Storto等[69]运用并行网络DEA模型测量了意大利的城市供水效率，并行网络DEA解决了传统DEA模型的不足，可以全面概括行业中不同服务性质工具的用水效率；Maria等[70]运用DEA与随机前沿（SFA）结合的随机非参数包络（Stoned）方法，衡量了智利水务公司的用水效率和排污效率，结果表明环境变量对公共水务公司成本提升和效率降低的影响可能高于私人水务公司；Liu等[39]结合粗糙集理论（RST）和DEA模型评价了水系统的生态效益，结果表明水系统生态效率存在区域差异性；唐德善等[71]提出基于DEA模型和Malmquis指数对浙江省用水的综合效率、纯技术效率及规模效率进行评价，结果表明技术是影响浙江省用水效率的关键因素。

综上所述，传统DEA模型在部分研究中适用性较强，多数学者将CCR模型与BCC模型配合使用，用以测算每个决策单元的技术效率、纯技术效率及规模效率，从而能够更好地探究影响用水效率的关键因素。同时由于行业用水结构的差异性，为测算评价指标选取的合理性或分层次归纳指标，学者们将不同模型与 DEA 模型配合使用,如粗糙集理论(RST)[39]、灰色系统关联度检验方式[68]、Tobit 模型[25]、DELPH 法、专家咨询法与主成分分析法[71](见表 8.6)。

表 8.6 基于 DEA 模型的行业用水效率评价方法代表性文献观点

行业	代表性作者	评价方法	与传统 DEA 相比的优势
农业	Veettil 等[66]	随机 DEA 模型	可排除随机误差的影响
	孙付华等[30]	三阶段 DEA 模型	可剔除外部因素影响
工业	Liu 等[72]	改进的 SBM-DEA 模型	可减少对投入过剩和产出不足的忽视从而提高测量效率的精准度
	何佳音等[68]	结合灰色系统关联度检验方式的 DEA 模型	可验证所选取指标的合理性
城市及生态	Liu 等[39]	结合粗糙集理论(RST)和数据包络分析模型(DEA)	可基于水系统的多重属性分段对技术前沿进行线性分析
	Maria 等[70]	随机非参数包络(Stoned)方法	可分离随机误差且减少混淆设定误差与效率估计的可能
	Storto 等[69]	并行网络 DEA	可挖掘出企业运营效率不佳原因
	高甜等[25]	结合 Tobit 模型和 GWR 模型 SBM-DEA 模型	可处理面板数据且分析各影响因素的区域差异性

8.4 结论

通过用水效率评价研究可视化分析得到以下结论:第一,研究机构与团队可视化明确了该领域的核心研究力量分布。WOS 核心机构集中在高校,核心作者团队主要集中在中国。CNKI 核心机构集中在科研院所,核心作者团队集中在中国科学院和河海大学。第二,关键词可视化明确了用水效率研究热点。从时间上看,WOS 始终以农业灌溉和可持续发展的生态环境为核心,CNKI 从"以节水为重点"转向"评价理论模型"。第三,梳理了用水效率研究的演化脉络,重点探究了基于投入产出角度的用水效率评价指标体系,发展了传统 DEA 模型及其拓展模型,为后续学者研究提供了参考借鉴。

梳理文献可知，该领域研究还存在一些不足：首先，主要集中在农业及灌溉领域，重点关注农业水资源利用与环境之间的关系、工业用水效率，鲜有文献聚焦服务业用水效率评价研究。同时，CNKI对于水资源利用与生态环境之间的研究起步较晚，研究不够深入。其次，基于投入产出角度构建评价指标体系和选择模型时，部分学者未紧密结合区域特征或行业特点，选择基础指标与模型，导致研究结论不具有针对性。最后，现有文献中生活及生态用水效率评价指标较为稀少，鲜有学者聚焦于生活与生态用水效率开展深入研究。因此，该领域研究仍有待深化：一方面，聚焦产业结构优化升级，研究各产业用水效率的均衡；另一方面，重点关注水资源利用与环境及社会效益之间的相互作用关系，进一步完善社会及环境用水效率评价指标体系与评价方法；此外，在评价具体区域或具体行业的用水效率时不应囿于基础的指标体系，应基于区域特征、行业特点及数据的可获取性，选择有针对性的评价指标体系、以及与指标体系相匹配的评价模型。

参考文献

[1] Chen C. CiteSpace Ⅱ: Detecting and visualizing emerging trends and transient patterns in scientific literature[J]. Journal of the American Society for Information Science and Technology, 2005, 57(3): 359-377.

[2] Chen C. Searching for intellectual turning points: progressive knowledge domain visualization.[J]. Proceedings of the National Academy of Sciences of the United States of America, 2004, 101 Suppl 1: 3-10.

[3] Chen C, Ibekwe-San Juan F, Hou J. The structure and dynamics of cocitation clusters: A multiple-perspective cocitation analysis[J]. Journal of the American Society for Information Science and Technology, 2010, 61(7): 1386-1409.

[4] 赵蓉英, 许丽敏. 文献计量学发展演进与研究前沿的知识图谱探析[J]. 中国图书馆学报, 2010, 36(5): 60-68.

[5] 陈悦, 陈超美, 刘则渊, 等. CiteSpace知识图谱的方法论功能[J]. 科学学研究, 2015, 33(2): 242-253.

[6] 马海良,黄德春,张继国. 考虑非合意产出的水资源利用效率及影响因素研究[J]. 中国人口·资源与环境,2012,22(10):35-42.

[7] 陈威,杜娟,常建军. 武汉城市群水资源利用效率测度研究[J]. 长江流域资源与环境,2018,27(6):1251-1258.

[8] 赵晨,王远,谷学明,等. 基于数据包络分析的江苏省水资源利用效率[J]. 生态学报,2013,33(5):1636-1644.

[9] 李志敏,廖虎昌. 中国31省市2010年水资源投入产出分析[J]. 资源科学,2012,34(12):2274-2281.

[10] 钱文婧,贺灿飞. 中国水资源利用效率区域差异及影响因素研究[J]. 中国人口·资源与环境,2011,21(2):54-60.

[11] 王倩,魏巍,刘洁,等. 江苏省水资源利用相对效率时间分异与影响因素[J]. 水土保持通报,2017,37(1):308-314.

[12] 张兆方,沈菊琴,何伟军,等. "一带一路"中国区域水资源利用效率评价——基于超效率DEA-Malmquist-Tobit方法[J]. 河海大学学报(哲学社会科学版),2018,20(4):60-66.

[13] Deng G, Li L, Song Y. Provincial water use efficiency measurement and factor analysis in China: Based on SBM-DEA model[J]. Ecological Indicators, 2016, 69: 12-18.

[14] Zhang C, Liu H, Bressers H T A, et al. Productivity growth and environmental regulations-accounting for undesirable outputs: Analysis of China's thirty provincial regions using the Malmquist – Luenberger index[J]. Ecological Economics, 2011, 70(12):2369-2379.

[15] 石天戈,时卉. 基于网络DEA的中国省域水资源效率特征与影响因素分析[J]. 生态经济,2022,38(7):176-183.

[16] 张国基,吴华清,刘业政,等. 中国水资源综合利用效率测度及其空间交互分析[J]. 数量经济技术经济研究,2020,37(8):123-139.

[17] Le N T, Thinh N A, Ha N T V, et al. Measuring water resource use efficiency of the Dong Nai River Basin (Vietnam): an application of the two-stage data envelopment analysis (DEA)[J]. Environment, Development and Sustainability, 2022,24(10):12427-12445.

[18] 陈述,吕文芳,王建平. 长江流域水资源利用效率时空演变特征分析[J]. 水资源保护,2022,38(4):80-86.

[19] Kamal A, H F E, Andrew K, et al. Governance of water supply systems in the Palestinian Territories: A data envelopment analysis approach to the management of water resources.[J]. Journal of environmental management,2008,87(1):80-94.

[20] Sun B, Yang X. Analysis of water resources utilization efficiency in Jilin Province based on DEA method[J]. DEStech Transactions on Computer Science and Engineering,2019.

[21] Hu J, Wang S, Yeh F. Total-factor water efficiency of regions in China[J]. Resources Policy,2006,31(4):217-230.

[22] 董战峰,喻恩源,裘浪,等. 基于DEA模型的中国省级地区水资源效率评价[J]. 生态经济,2012(10):43-47.

[23] 陈璇璇,张旖旎,刘莉,等. 基于超效率DEA模型的陕晋两省水资源利用效率评价[J]. 灌溉排水学报,2020,39(10):138-144.

[24] 朱达,唐亮,谢启伟,等. 基于DEA方法的我国省会城市水资源利用效率研究[J]. 生态学报,2020(6):1-11.

[25] 高甜,杨肖丽,任立良,等. 基于SBM-GWR模型的中国省际用水效率及其影响因素分析[J]. 水电能源科学,2022,40(5):34-37.

[26] 匡佳丽,唐德善. 长江中游地区用水效率评价及时空差异分析[J]. 水资源与水工程学报,2022,33(3):65-71.

[27] Manjunatha A V, Speelman S, Chandrakanth M G, et al. Impact of groundwater markets in India on water use efficiency: A data envelopment analysis approach[J]. Journal of Environmental Management,2011,92(11):2924-2929.

[28] Yilmaz B, Yurdusev M A, Harmancioglu N B. The assessment of irrigation efficiency in Buyuk Menderes Basin[J]. Water Resources Management,2009,23(6):1081-1095.

[29] Zhao J, Wang Y, Zhang X, et al. Industrial and agricultural water use efficiency and influencing factors in the process of urbanization in the middle and lower reaches of the Yellow River Basin, China[J]. Land,2022,11(8):1248.

[30] 孙付华,陈汝佳,张兆方. 基于三阶段DEA-Malmquist区域农业水资源利用效率

评价[J]. 水利经济, 2019, 37(2): 53-58.

[31] 朱丽娟, 陆秋雨. 中国省域耕地与灌溉水资源利用效率及其耦合协调度的空间相关性分析[J]. 中国农业大学学报, 2022, 27(3): 297-308.

[32] 李明瀑. 基于DEA方法的中国农业水资源利用效率研究[J]. 中国农业资源与区划, 2017, 38(9): 106-114.

[33] Liu K, Yang G, Yang D. Investigating industrial water-use efficiency in China's mainland: An improved SBM-DEA model [J]. Journal of Environmental Management, 2020, 270: 110859.

[34] 买亚宗, 孙福丽, 石磊, 等. 基于DEA的中国工业水资源利用效率评价研究[J]. 干旱区资源与环境, 2014, 28(11): 42-47.

[35] 郑乐, 杨法暄, 钱会, 等. 基于超效率DEA模型的宁夏工业水资源利用效率研究[J]. 水资源与水工程学报, 2020, 31(2): 81-86.

[36] 沈满洪, 程永毅. 中国工业水资源利用及污染绩效研究——基于2003—2012年地区面板数据[J]. 中国地质大学学报(社会科学版), 2015, 15(1): 31-40.

[37] Tupper H C, Resende M. Efficiency and regulatory issues in the Brazilian water and sewage sector: an empirical study[J]. Utilities Policy, 2003, 12(1): 29-40.

[38] Byrnes J, Crase L, Dollery B, et al. The relative economic efficiency of urban water utilities in regional New South Wales and Victoria [J]. Resource and Energy Economics, 2010, 32(3): 439-455.

[39] Liu Y, Sun C, Xu S. Eco-efficiency assessment of water systems in China[J]. Water Resources Management, 2013, 27(14): 4927-4939.

[40] 王竞优, 边杨子, 聂炜, 等. 中国环境保护重点城市水资源利用效率分析[J]. 科技导报, 2018, 36(2): 55-60.

[41] 刘渝, 宋阳. 基于超效率SBM的中国农业水资源环境效率评价及影响因素分析[J]. 中国农村水利水电, 2019(1): 102-107.

[42] Charnes A, Cooper W W, Rhodes E. Measuring the efficiency of decision making units[J]. European Journal of Operational Research, 1978, 2(6): 429-444.

[43] 吴文斌, 刘燕妮, 胡峥, 等. 基于DEA模型的省际水资源利用效益比较[J]. 中国新技术新产品, 2008(8): 190-191.

[44] Ren C, Li R, Guo P. Two-Stage DEA analysis of water resource use efficiency[J].

Sustainability, 2016,9(1):52.

[45] Bian Y, Yan S, Xu H. Efficiency evaluation for regional urban water use and wastewater decontamination systems in China: A DEA approach[J]. Resources, Conservation & Recycling, 2014,83:15-23.

[46] Sengupta J K. A dynamic efficiency model using data envelopment analysis[J]. International Journal of Production Economics, 1999,62(3):209-218.

[47] Charnes A, Rousseau J, Semple J. An effective non-Archimedean anti-degeneracy/cycling linear programming method especially for data envelopment analysis and like models[J]. Annals of Operations Research, 1993,46-47(2):271-278.

[48] Färe R, Grosskopf S. A nonparametric cost approach to scale efficiency [J]. Scandinavian Journal of Economics, 1985(87):594-604.

[49] Fried H O, Lovell C A K, Schmidt S S, et al. Accounting for environmental effects and statistical noise in data envelopment analysis[J]. Journal of Productivity Analysis, 2002,17(1/2):157-174.

[50] Speelman S, Haese M D, Buysse J, et al. A measure for the efficiency of water use and its determinants, a case study of small-scale irrigation schemes in North-West Province, South Africa[J]. Agricultural Systems, 2008,98(1):31-39.

[51] Lu X, Xu C. The difference and convergence of total factor productivity of inter-provincial water resources in China based on three-stage DEA-Malmquist index model[J]. Sustainable Computing: Informatics and Systems, 2019,22:75-83.

[52] Färe R, Grosskopf S. Network DEA[J]. Socio-Economic Planning Sciences, 2000, 34(1):35-49.

[53] Färe R, Primont D. Multi-output production and duality: theory and applications [M]. Springer, Dordrecht, 1995.

[54] Andersen P, Petersen N C. A procedure for ranking efficient units in data envelopment analysis[J]. Management Science, 1993,39(10):1261-1264.

[55] Tone K. A slacks-based measure of super-efficiency in data envelopment analysis [J]. European Journal of Operational Research, 2002,143(1):32-41.

[56] Tone K. A slacks-based measure of efficiency in data envelopment analysis[J]. European Journal of Operational Research, 2001,130(3):498-509.

[57] Cetrulo T B, Ferreira D F C, Marques R C, et al. Water utilities performance analysis in developing countries: On an adequate model for universal access[J]. Journal of Environmental Management, 2020,268(C):110662.

[58] 俞雅乖,刘玲燕. 中国水资源效率的区域差异及影响因素分析[J]. 经济地理, 2017,37(7):12-19.

[59] 邵汉华,罗俊,王瑶. 黄河流域城市水资源利用效率的时空分异及动态演进[J]. 统计与决策,2022,38(14):70-74.

[60] Amar O, Amin S A, Sara Z, et al. A DEA cross-efficiency inclusive methodology for assessing water quality: A Composite Water Quality Index[J]. Journal of Hydrology,2022,612(PA).

[61] 钟丽雯,张建兵,蔡芸霜,等. 广西水资源利用效率及其时空格局[J]. 经济地理, 2020,40(6):193-202.

[62] Chen Q, Ai H, Zhang Y, et al. Marketization and water resource utilization efficiency in China[J]. Sustainable Computing: Informatics and Systems, 2019,22: 32-43.

[63] Song M, Wang R, Zeng X. Water resources utilization efficiency and influence factors under environmental restrictions[J]. Journal of Cleaner Production, 2018, 184:611-621.

[64] Wang G, Chen J, Wu F, et al. An integrated analysis of agricultural water-use efficiency: A case study in the Heihe River Basin in Northwest China[J]. Physics and Chemistry of the Earth, 2015,89-90.

[65] Shi T, Zhang X, Du H, et al. Urban water resource utilization efficiency in China[J]. Chinese Geographical Science, 2015,25(6):684-697.

[66] Veettil P C, Speelman S, Huylenbroeck G. Estimating the impact of water pricing on water use efficiency in semi-arid cropping system: An application of probabilistically constrained nonparametric efficiency analysis[J]. Water Resources Management, 2013,27(1):55-73.

[67] 张娜娜,王海涛,吴颖超,等. 基于数据包络分析模型的江苏省农业水资源利用效率评价[J]. 水土保持通报,2015,35(4):299-303.

[68] 何佳音,王红瑞. 湖南省工业用水效率影响因素分析及结构调整对策[J]. 水电能

源科学,2022,40(7):53-57.

[69] Storto C L. Measuring the efficiency of the urban integrated water service by parallel network DEA: The case of Italy[J]. Journal of Cleaner Production, 2020, 276:123170.

[70] Maria M, Alexandros M. Benchmarking the efficiency of water and sewerage companies: Application of the stochastic non-parametric envelopment of data (stoned) method[J]. Expert Systems With Applications, 2021, 186:155711.

[71] 史毅超,唐彦,唐德善,等. 基于DEA和Malmquis指数的浙江省用水效率分析[J]. 人民长江,2018,49(9):35-40.

[72] Liu Y, Yang Y, Li H, et al. Digital economy development, industrial structure upgrading and green total factor productivity: Empirical evidence from China's cities[J]. International Journal of Environmental Research and Public Health, 2022, 19(4):2414.